中国地质事业先驱

孟宪民传

包立本　王子旭　著

中国文史出版社

学术顾问

中国工程院院士、中国航天科技集团有限公司科技委顾问
    张履谦

中国科学院院士、中国科学院地质与地球物理研究所原所长
    刘嘉麒

中国工程院院士、原信息产业部第29所高级工程师   **张锡祥**

李四光纪念馆高级顾问、李四光外孙女   **邹宗平**

文史顾问

常州市人民政府原副市长   **薛　锋**

常州市地方志办公室原主任   **徐瑞清**

常州市政协文史馆馆长   **沈建钢**

孟宪民院士（1900—1969）

向着科学进军
拥抱北丽明天

刘嘉麒

中国科学院院士、中国科学院地质与地球物理研究所原所长刘嘉麒题词

纪念孟宪民院士

少年出乡关，视野放全球。
苦学与探索，一心为国拥。
足迹遍南北，心力布西东。
结为黄花石，功名在千秋。

张锡祥 2023·6·11·

中国工程院院士、原信息产业部第29所高级工程师张锡祥题词

孟宪民故居(出生地)旧影

孟宪民故居(读书楼)旧影

1923年，孟宪民留学美国时留影

1947年，孟宪民(后排左七)和杨遵仪(前排左四)、张席褆(后排左八)、冯景兰(后排左九)等教授带清华大学地学系学生在开滦煤矿实习时合影

1948年，清华大学地学系教授在清华图书馆前合影(左起：杨遵仪、冯景兰、孙云铸、苏良赫、叶企荪、袁复礼、高平、张席禔、徐仁、孟宪民、王炳章)

1960年冰川会议期间，在北京香山象鼻子沟地质力学研究所原址，地质部部长李四光(前排左五)，党组书记、副部长何长工(前排左六)与部分专家和工作人员合影(前排右一：孟宪民，左一：尹赞勋，左二：俞建章，第二排左一：孙殿卿，左四：徐仁，左六：岳希新)

1960年，孟宪民与中外地质专家在火车站站台合影(左起：岳希新、顾功叙、外国专家、田奇瑰、孟宪民)

1960年冬，孟宪民(中排左五)陪同地质部副部长宋应(中排左四)在海南岛地质队视察

1960年冬，孟宪民(左三)陪同地质部副部长宋应(左一)在海南岛地质队视察

1963年9月23日，第一次全国储委工作会议代表合影(前排右八：地质部党组书记、副部长何长工，右七：副部长宋应，左六：孟宪民)

　　1965年10月，孟宪民在安徽黄山出席花岗岩讨论会(左起：孟宪民、严坤元、田奇瑰、蒋溶、冯景兰、夏湘蓉、李春昱、黄汲清、谢家荣、吴俊如、徐克勤)

　　1965年10月，孟宪民(右)、谢家荣在安徽黄山出席花岗岩讨论会期间合影

孟宪民姐姐孟静宝(1895—1981)

1968年，孟宪民夫妇在颐和园谐趣园

孟宪民夫妇参加清华大学50年校庆时留影

20世纪50年代，孟宪民全家福(包立本藏)

1964年，孟宪民全家福

香花石

孟宪民石

孟宪民设计的个旧锡矿鸳鸯双井(西井)

孟宪民设计的个旧锡矿鸳鸯双井(东井)

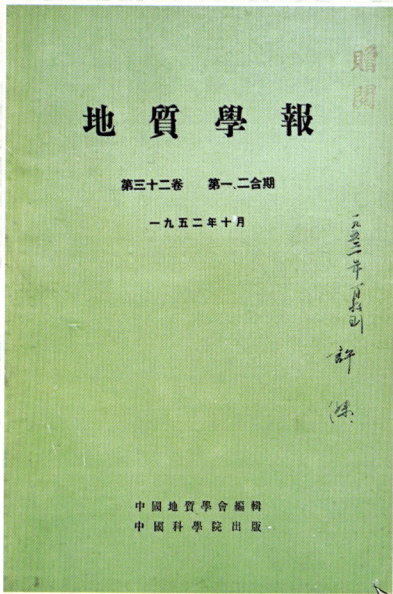

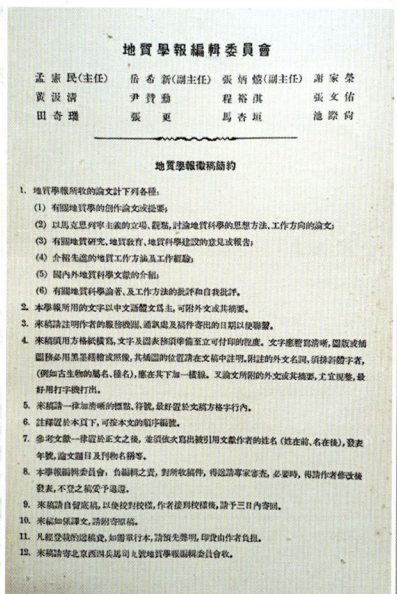

孟宪民担任编委会主任的《地质学报》(地质部副部长许杰阅读签名本)

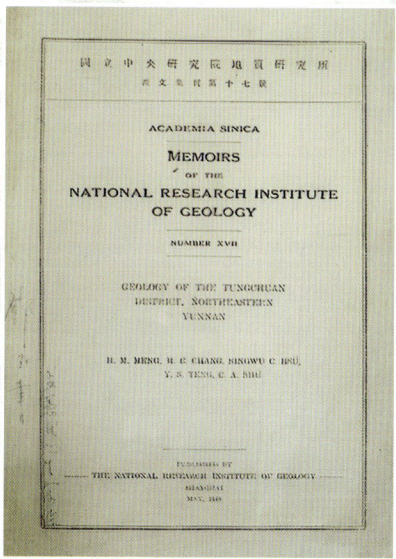

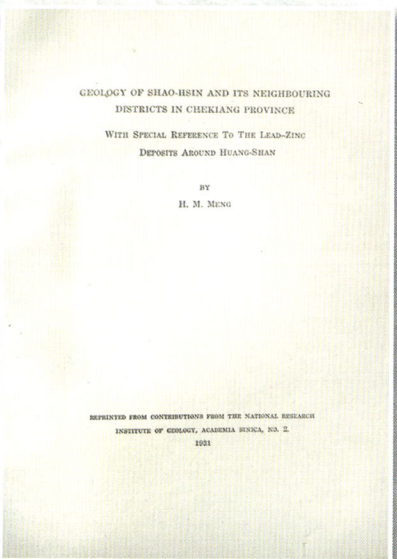

孟宪民著《云南东川地质》书影

孟宪民著《浙江绍兴及其邻近地区地质》书影

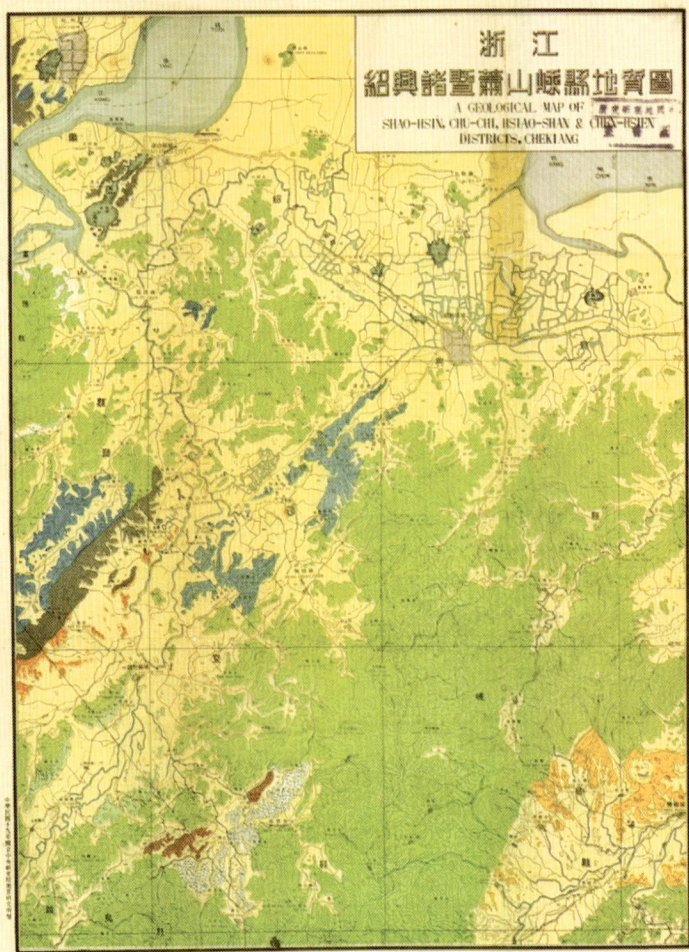

孟宪民绘制的《浙江绍兴诸暨暨萧山嵊县地质图》

序　言

　　我与常州市名人研究会主席包立本先生是30余年的老朋友，曾经为他的大作《我与文物保护的那些事》《常州导游》《苏东坡传说(常州卷)研究》等作了序。前一阵，立本先生来电话告知，他为他太舅爷作的传记《中国地质事业先驱:孟宪民传》即将问世，请我作序，拜读了他寄来的书稿，我感慨万分——

　　静聆孟宪民院士的生命步履，每次人生轨迹都与民族的兴衰休戚与共。他诞生的那年，八国联军如强盗般地冲入北京，烧杀掠抢，无恶不作，威逼清政府割地赔款。少年的他告别家乡，到武汉求学数年后，又亲聆武昌起义的隆隆炮声，目睹了中国最后一个封建王朝的斜阳末日。当青春勃发的他以高分考入清华学校高等科，正值人生世界观逐渐形成的时期，数月后，他便被卷入"五四运动"的洪流。这是大多数中国人第一次集体觉醒和呐喊。"雪我国耻，还我青岛"，孟宪民的心炬被彻底点燃，萌生了"复兴中华，科学救国"的宏愿。1922年，他远渡重洋探索钻研在中国几乎空白的地质学。而此刻襁褓中的中国共产党，正把希望的晨曦带给这片多灾多难的土地。1927年夏，当孟宪民从美

国学成归国，恰撞上至暗时刻。国民党反动派屠刀在疯狂挥舞，千万共产党人及爱国志士倒在血泊中。烈火见真金，一位自称"我是江南第一燕"的书生，力挽狂澜，在"八七会议"上当选中共最高领导人，将中国革命的航船导入胜利；而到年末，另一位青年领袖化作滚滚惊雷，在广州城上空轰鸣炸响，用杜鹃啼血般的生命之花，唤醒国人；更有一位中国青年的楷模，于20世纪20年代初在武汉成立了共产主义性质的"共存社"——这也就是中共正式成立之前湖北"共产主义小组"的渊源。当时的孟宪民大概没有想到，他和"常州三杰"瞿秋白、张太雷、恽代英竟然都是同乡，大家的旧宅、住地竟然都在常州老城厢范围，彼此距离仅约千米。同乡的瞿秋白、张太雷、恽代英已达到个人事业的巅峰，成为救国救民的时代楷模。而差不多年龄的孟宪民，已然迈开了科学兴国之路，开启了另一种救国救民的方式。

高薪挽留若浮云，山野苦累似甘露。恶魔摧残折不弯，要留学术在人间。这正是孟宪民真实的写照。他一拿到世界著名的麻省理工学院硕士学位，虽导师挽留，待遇优厚，却义无反顾地返回积贫积弱的祖国。须知其导师林格仑，曾任美国地质调查局总工程师，人脉极广，如果孟宪民留在美国，无疑学术研究、工作生活都会更上一层楼。原因或许就那么简单，他难以割舍祖国母亲，心心念念要报答这片土地上的芸芸众生。

孟宪民回国不久，便遇到伯乐——著名科学家李四光，诚邀他担任中央研究院地质研究所首批研究员。刚进入地质研究所，他便急匆匆地奔赴湖北北部山区勘岩探矿。尤其1929年到1933年间，他的足迹先后踏涉浙江、安徽、湖南、广西等地的崇山峻岭。

白昼云伴日烤,风雨兼程;黑夜油灯作伴,笔耕忘眠。他急切地开垦着一片片中国地质研究的处女地,渴望为国家点石成金,造福民众。滴滴血汗泪水凝结,朵朵学术之花绽放。其间,他发表多篇学术论文,在地质学界掀起了"孟宪民旋风",引起了最高层的注意。1935年被国民政府委派参加中缅边界南未定界线的勘察。

孟宪民有高超的工作技术与指挥才能。1937年,孟宪民被国民政府任命为经济部资源委员会锡矿勘探队队长(后改为锡矿工程处主任)。当他率队员们奔赴云南时,众人面露难色。个旧锡矿这块大肥肉,可是人人垂涎。那里山高皇帝远,众多的私人矿井,都有黑社会的背景,是经过一番火拼和厮杀后而形成的势力。现在你要切他的蛋糕,天王老子来了也得拼命。即使你有中央的圣旨,他们明里顺、暗使绊,杀个把人还不是小菜一碟。但谁也没料到,他会想出奇招,明修栈道,暗度陈仓。巧借当地石灰岩地区严重缺水的现状,到处宣传中央是为大家送福来了,免费打井,为民寻水源,双方皆大欢喜。当地人盼望着掘井早出水,而勘探队则醉翁之意不在酒,在乎井中锡矿矿石也。这下可谓口碑实惠双至,叫人拍案叫绝。

孟宪民除了撰写数十篇高质量的论文,他还首倡矿物微化学分析鉴定法,将长篇大论由地质研究所刊印成书,大大提高了分析鉴定的速度。他更是层控矿床学说的先行者和倡导人,即沿一定层位找矿的思维,提出矿床同生论。凭着其卓越的学术成就,1955年他当选为中国科学院第一批学部委员(院士)。

孟宪民舍弃"小我",内心唯存民族复兴的"大我"。他传承蜡烛精神,不就是最好的诠释。他从1942年起,先后执教云南

大学、清华大学,担任教授,兼任云南大学工学院院长、清华大学采矿系主任。他知晓中国地广物博,最缺的便是地质专业人才。他是真正的教书匠,站讲台直面学生,亲授矿物学、矿物鉴定和矿床学等课程。十多年兢兢业业,播火种,打地基,桃李满天下。1952年调任地质部矿产司副司长兼任《地质学报》主编后,他积极推出新人佳作,依旧甘当人梯,胸中只怀中国地质学的灿烂明天。

在斯人已逝18年后的1987年,人们将对孟宪民的怀念,化为永久的铭记和传承。中国地质学会矿床地质专业委员会为表彰谢家荣和孟宪民两位科学家为发展我国矿床地质事业所作出的杰出贡献和推动我国矿床地质工作的发展,设立"谢家荣、孟宪民奖"。

孔曰成仁,孟曰取义。这可能是中国最经典的家训:"富贵不能淫,贫贱不能移,威武不能屈。"代代仁义,家传相袭,千年习读,家学绵延,萦绕孟宪民一生的,不正是老祖先那身浩然正气、不向恶小势力低头、直至献身的精神。

我学的是地理学,孟宪民院士精通地质学,抑或地理学与地质学相通,也属大同行的范畴。纵观孟宪民的生命之旅,总有种忘年知音的感觉。吾辈已晚,虽未曾谋面,却心脉相系。因此受立本先生所托,写下这篇可能不太像样的序言,来纪念先贤孟宪民。

薛国屏

2023年7月4日于上海

写在前面

　　20世纪是个风云激荡的时代，更是个群星璀璨的时期，这个世纪出现了太多太多的行业翘楚及其感人事迹。他们都拥有着共同的特点：具有浓厚的家国情怀、远大的理想目标、强烈的责任担当，历经苦难痴心不改，风吹雨打也不变初心。

　　以翁文灏、丁文江、章鸿钊、李四光、谢家荣、孟宪民等为代表的中国地质人，他们孜孜不倦、探索不止，如同抽丝剥茧般解读着地理自然的奥秘，揭示了大地的沧海桑田，也为国家的经济发展探明了宝贵的矿产资源。或许他们中间有的人名字鲜为人知，但他们的贡献将与日月同辉。

　　在20世纪中国地质学史上，孟宪民是位绕不开的重要参与者，但系统讲述他生平的文字并不多。

　　给孟宪民院士写传记，是我们很久以前就想做的事。

　　孟宪民诞生地旧居，就是本书作者包立本的旧宅，包立本的太婆就是孟宪民的亲姐姐。而另一位作者王子旭的祖居也与之仅有咫尺之隔。冥冥之中注定的缘分，激励我们铆足干劲搜寻孟宪民的足迹。在进行了必要的准备后，开始了写作。

孟宪民工作奋斗过的原中央研究院地质研究所，如今已是中国科学院地质与地球物理研究所，刘嘉麒老所长曾题词勉励我们："科学奥秘无穷，自然巧夺天工。"在写作过程中，我们不禁被地质学的无穷奥秘所吸引。

为了写好本书，我们搜集了许多历史资料。另外，为了保证史实准确，我们参阅了许多同时代相关人物的回忆录或传记进行考证，确保不出明显的错漏。对孟宪民在20世纪五六十年代出版的文稿与讲话，都尽量找到原本，逐一确认。孟宪民69岁的一生，是中国近现代史经历了沧桑巨变的时期，跨越了晚清、民国，见证了新中国的成立，其中许多事件都是孟老亲历亲闻，对于这些，我们也会有所延伸串联，以增加时代感，让可读性、趣味性更加明显一些。

谨以此书永远缅怀中国地质事业的先驱孟宪民院士！

目 录

第四章　实践者:科学兴国

第五章　奋进者:迎来新生

第一章
先行者:恰同学少年

乌龙庵

南宋陆游诗云:"位卑未敢忘忧国。"孟宪民传奇的一生便起步于民族内忧外患之际,和当时的大多数知识分子一样,用自己的一生诠释了如何书写一个大写的"人"字。

一、自古兰陵出才子

江水浩荡,奔流不息,长江的波涛浪花卷席着历史云烟,浩浩荡荡奔向东海,在长江下游的南岸就是国家历史文化名城常州。常州古称延陵、毗陵、晋陵、兰陵等,这座有着 4500 万年人类起源史、6000 余年文明史、3200 余年文化史、2500 余年文字记载史的神奇土地,孕育着一方特有的人文才情。

位于常州市溧阳上黄镇的水母山是 4500 万年前高级灵长类动物中华曙猿的集居地,中华曙猿生活于始新世中期,是一类体形很小的灵长类,也是已知的高级灵长类动物中最早的一种,比法尤姆的高级灵长类早了将近 1000 万年。它的

发现,改写了高级灵长类的起源地之说。

早在 6000 多年前,常州地区便有原始人类活动的痕迹,留下了圩墩遗址等遗存,这属于长江文明。

3200 多年

圩墩遗址

前,泰伯奔吴,开创吴文化,其生活的核心区域就在今天的常州一带,所以常州又被称为中吴。

常州的文字记载史可追溯到公元前 547 年,吴国公子季札封于延陵。现今常州仍保留较多的商周至春秋时期遗存,如中国目前发现保存最完整的地面城池遗址淹城、吴国都城遗址阖闾城等。

西晋末年,中原大乱,北方士民纷纷南迁,史称"永嘉南渡"。100 多年后,定居南兰陵(今常州市新北区一带)的萧道成和萧衍,分别建立了南朝齐、梁两个朝代。萧道成的孙子萧子显编成《南齐书》;萧衍的长子萧统主编了中国最早的诗文选集《文选》。而祖上迁居常州 100 多年的刘勰,则以巨著《文心雕龙》,成为中国文学批评论著的鼻祖。

明清之际,江南经济繁荣,常州有着深厚历史文化积淀,

吴都阖闾城遗址

形成华夏新的地域文化坐标。

明代，唐顺之成为文坛领袖，首创"唐宋八大家"之说，形成文学唐宋派。而常州东林学派，一度影响中国政坛执政方向，成为明代末年主要的思想学术流派。

清代，常州先后产生了影响全国的五大流派，即以庄存与、刘逢禄为代表的常州今文经学派，以恽敬、张惠言为代表的阳湖文派，以张惠言为代表的常州词派，以恽南田为代表的常州画派，以费伯雄、马培之、巢崇山、丁甘仁为代表的孟河医派。还诞生了著名学者洪亮吉、文史大家赵翼、大诗人黄景仁、目录学大家孙星衍、训诂学大师段玉裁、方志学家李兆洛等名士。

时至近现代，常州才人又一次登上高峰。如被誉为"常州三杰"的中国共产党早期领导人瞿秋白、张太雷、恽代英；"爱国七君子"中的李公朴和史良。各类学科杰出人物层出不穷，如国际语言学大师赵元任、数学泰斗华罗庚、艺术大师刘海粟、医学泰斗吴阶平、"汉语拼音之父"周有光、经济学大家吴

敬琏、史学家屠寄、小说大家李伯元、实业兼慈善家盛宣怀、中国审计事业开创者庄蕴宽、戏剧和电影家洪深、戏剧家吴祖光、音乐家吴祖强、京剧大家阿甲、乱针绣创始人杨守玉、《中国大百科全书》奠基者姜椿芳、史学大家吕思勉、书画兼文物鉴赏大师谢稚柳、史学家谢国桢、文物专家谢辰生、音乐指挥家陈燮阳等。

1948年，中央研究院评选出的第一批中央研究院院士共81位，常州籍就占6位，包括吴敬恒、赵元任、张景钺、李宗恩、华罗庚和吴定良。

中华人民共和国成立后，又评选出包括孟宪民在内的常州籍中国科学院院士和中国工程院院士70多位，在全国地市级行政单位中名列前茅。这些人才的持续涌现，绽放出的耀眼光芒，离不开这片人文热土的哺育与熏陶。历古有谚云："自古兰陵出才子。"

本传的主人公孟宪民就是出生在这块物华天宝、人杰地灵的土地上，并在这里留下了人生最初的梦想与印记。

二、乌龙庵的传说

清光绪二十六年（1900），神州大地风雨飘摇、江山社稷岌岌可危，维新变法胎死腹中，西方列强拼凑出的八国联军，耀武扬威地冲进了北京城，磨刀霍霍地露出了血盆獠牙。也在这一年，无数有志之士义无反顾地投身到爱国救亡的事业中去。封建王朝在支离破碎中露出了最后的回光返照。

让我们把目光投向常州城——

在江苏省常州府武进县的县衙旁，有条老街巷，叫作乌龙庵，又名县后街、乌龙巷，全长 235 米，巷宽 2 米左右，为典型的江南石板巷弄。因旧时此处有乌龙庵庵堂，故名。

这是一处古老的街区，粉墙黛瓦、庭院深深、古巷纵横，马头墙、观音兜、古井、古树组成了一幅绝妙的老常州风景画，让人流连忘返。老宅的建筑风格和建造时代各异，这里仿佛是座建筑博物馆。这里还是孟轲后裔的居住地，曾有一座"亚圣庙"祭祀先哲孟子。这里曾孕育了许多名人：教育家蒋维乔、京剧票友蒋君稼、史学家孟森、中国地质事业先驱孟宪民、教育家孟宪承、中国生药学先驱赵燏黄、画家俞云阶和钱小安、名医朱普生和包健翔……

从明清以来，这里一直是武进县衙署所在地（中华人民

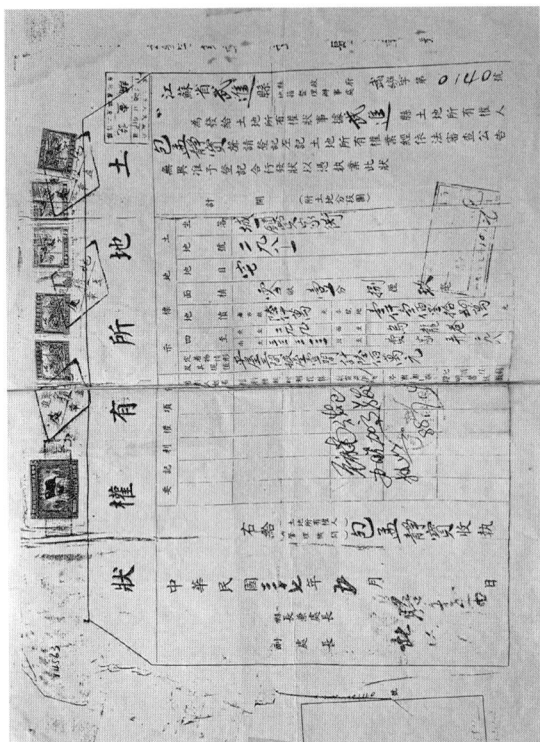

孟宅（部分）土地所有权状

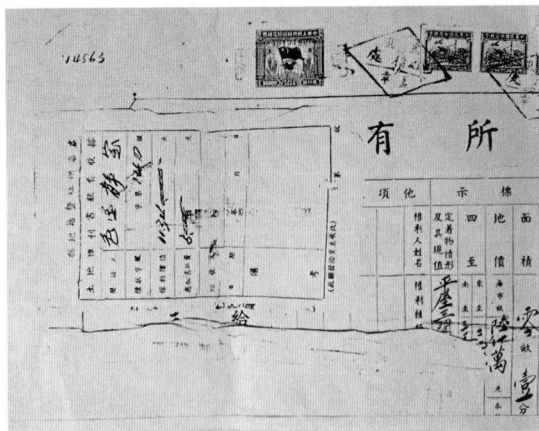

共和国成立后，曾经是常州市人民政府驻地），现在的行政区划属于钟楼区荷花池街道北大街社区。

这一年的2月2日，乌龙庵街巷内的孟家老宅，迎来了一位男孩的降生。他出生之时，正

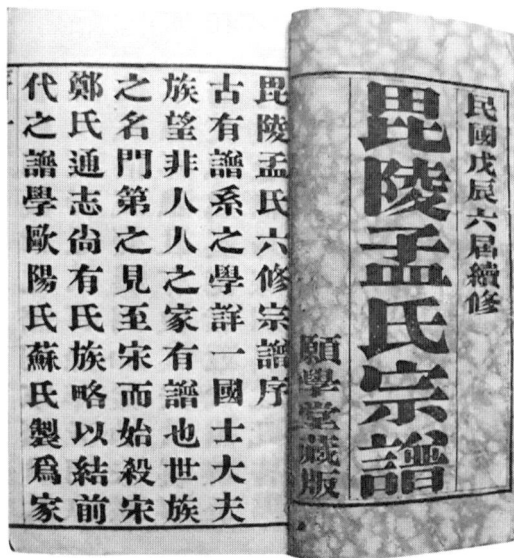

民国戊辰年六修《毗陵孟氏宗谱》书影

值国家危难之际，他的一生，注定与家国命运紧密相连。这个人就是孟宪民。

据民国戊辰年（1928）六修《毗陵孟氏宗谱》记载：孟氏始祖为孟轲。五代时，40世孙度自兖迁洛（今河北永平县），四传至公随、公齐。公随曾孙忠厚，扈驾南渡，封信安郡王，赐第姑苏。其后子孙繁衍，凡南支孟氏皆公随之后；公齐世居兖州，守其宗祀，故为孟氏北支之祖。南宋德祐间（1275—1276），52世孙性，迁居毗陵（今常州）青山门外，是为毗陵孟氏始迁之祖。孟氏名人辈出。

孟家老宅，共有两处，均位于常州老城区乌龙庵地段。其中乌龙庵70号、72号大院建于清光绪十五年（1889），整座建筑由

门厅、南厢房、天井、北厢房等组成,南厢房为孟宪民出生地。1946 年孟宪民全家赴北平(今北京)定居,该处房屋由其姐孟静宝使用,后归孟静宝子孙包氏。当年,孟宪民堂兄、著名教育家孟宪承亦曾借居于此。

孟宪民、孟宪承均为孟轲 72 世孙。

孟宪承(1894—1967),字伯如,他一手缔造与创办了华东师范大学,并担任首任校长。他比孟宪民大整整 6 岁,早年毕业于南洋公学中院和圣约翰大学,1918 年留学美国华盛顿大学,获教育学硕士学位。后来又马不停蹄地前往英国伦敦大学教育研究所深造,终成中国教育界的一代宗师。他是孟家的骄傲。

孟宪承像

乌龙庵 1 号为三层楼,砖木结构,系孟宪民读书楼,后转让他人。

如今乌龙庵老街巷和两处孟家老宅已于 2007 年城市改造不复存在,仅仅留下了乌龙庵的地名,但孟宪民的逸事依旧在老居民中口口相传。

说起乌龙庵,还有着一个美丽的传说——

很久很久以前,这里还是一片荒地,东头有一条河(即今木桥头处），河边住了一位老婆婆，无儿无女孤独一人，辛辛苦苦开垦了几分田。老人弯腰曲背，在田头耕作，日子过得可苦了。

有一年夏天，乌云密布，雷声隆隆，马上要下雨了，老人割的麦子还在田里，正在焦急的时候，突然来了一位黑脸黑肤的黑后生，他和气地对老人说："老人家，我来帮您吧！"说完，他拿起扁担就挑麦子。真是好气力，没几下，就把田里的麦子收光了。老婆婆十分感激，正想招呼他回屋里躲躲雨，可转眼人就不见了。

从此以后，只要老人有啥困难，黑后生都会来帮忙。要莳秧了，老人借不到槽轴农具，黑后生就用扁担挑了4只粪桶舀水灌满田头，把秧莳下去了。黄梅时节来了，大风大雨把老人的草屋的屋顶吹掉了，老人正在叹气，黑后生又来了，找来稻草爬上屋顶就加固。嘿，只小半天，就把屋顶修好了，而且比原来的屋顶更结实。老人刚想问他姓名，可眨眼工夫，人又不见了。

日子过得真快，转眼就好几年过去了。这一年的夏天，不知是何原因，烈日炎炎，天干地裂，已经好几个月不下雨了，地上的庄稼都枯死了，河也已经见底了，老人急得不得了。这时黑后生又出现了，他对老人说："老人家，今天晚上，我要去借雨，请您帮我在三更时刻焚香祷告，默念'南无观世音菩萨'100遍，切记，切记！"

到了三更时刻，老婆婆照着黑后生说的去办，虔诚地念了100遍"南无观世音菩萨"。果然，一场大雨倾盆而下。老婆

婆真开心啊,准备美美地睡个好觉。

刚睡下,就看见黑后生在云里对她说:"老人家,多谢您了。我原是一条乌龙,掌管龙城的雨水。由于见黎民生灵涂炭,于心不忍,于是便偷来云符,私自降雨。现在被玉皇查处,原本我要被砍头,观音大士见您诚心祷告,在观音大士的求情下,玉皇网开一面,贬我去昆仑山看仙园了,今后我再也不能帮您了,请您多保重!"

老人一下子惊醒了,这原来是一场梦。黑后生原来是一条乌龙,乌龙给她托梦来了。

老人为了纪念观音大士和乌龙,在她的草屋里塑了观音和乌龙的金身,早晚焚香叩拜。后来,这座草屋便改建成了一座庵堂,叫作乌龙庵。再后来,此处人越聚越多,慢慢地热闹起来,形成了一条巷子,巷子也因此命名为乌龙庵。

神奇的传说,似乎一语成谶,儿时的孟宪民表示,他长大了也要向乌龙学习,为民造福。纵观他的一生,就如同为了中国地质事业无私奉献、奋不顾身的"乌龙"。

三、聪慧的幼儿

根据江南习俗，孩子一周岁时要抓周。有趣的是，小小的孟宪民不要金、不要银，单单选了一本书。他父亲开心地说，我们孟家难道要出秀才了？

他父亲叫孟进，母亲叫孟常贞。姐姐叫孟静宝，比他大5岁。

父母为何帮孩子起名孟宪民？《谥法》曰：博闻多记曰宪。民者：百姓黎民也。长辈希望孩子学好知识，回报社会。

虽然他父亲是一名普通的文员，但非常重视孟宪民的学业，在他3岁时，便教他识字，开始背起"人之初，性本善"的《三字经》。

父亲教导他为人处世善字为先，做事要诚实，不撒谎。这些谆谆教诲，为孟宪民未来的人生轨迹，打下了坚实的基础。

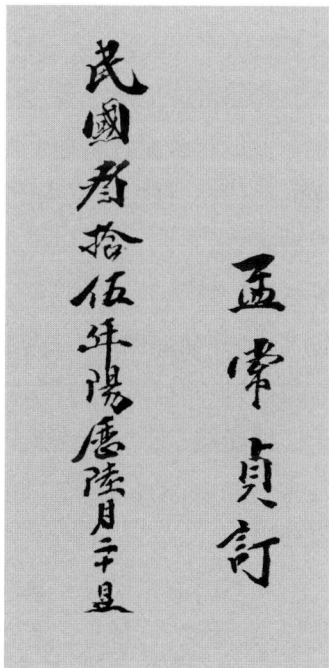

孟宪民母亲孟常贞手迹

他母亲常常讲些常州地方民间故事给他听，有季札三让王位、苏东坡折券还宅、包圭抗元守常州、赵翼喝粥过新年、乌龙庵的来历等，通过讲故事，勉励孟宪民要修身养德，不忘百姓疾苦。

有一天中午吃饭时，小孟宪民端起饭碗准备吃饭，正好门口来了个叫花子，孟宪民马上走过去，将自己碗里的饭菜，倒在叫花子的盆里。

妈妈问孟宪民："孩子，你怎么想到把自己的饭菜给叫花子的？"

孟宪民答道："妈妈不是一直教育孩儿要善待穷苦人吗？待我长大了，我要多做有益于社会的事。"

妈妈赞许地点点头。

宽厚仁爱是孟氏家风，无论是孟宪民，还是他姐姐孟静宝的后代，一直将此家风传承至今。无论是族人还是外人，只要有求，孟宪民、孟静宝及他们的后代都会遵照祖训，慷慨解囊，扶贫济困。后来的第三机械部第六二八研究所党委书记包文进，外交部副部长武大伟的夫人、女儿，早年都曾经借住在孟家，得到过孟家的帮助或资助。

清光绪三十一年（1905），5岁的孟宪民就读于家乡私塾，他天资聪颖，勤奋好学，成绩十分优异，十分好奇于身边的新鲜事物。

幼时的孟宪民经常喜欢和小伙伴们一起嬉戏玩耍，他很机灵，口才又好，孩子们都很信任他。但唯一与众不同的是，孟宪民天生地对各式各样的石头感兴趣，他经常拿着地上的

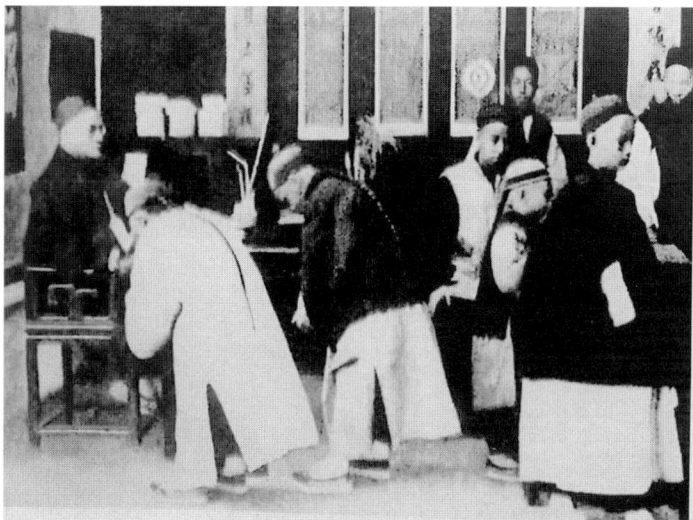

清末常州私塾旧影

石头做对比，脑海中时不时浮现出一连串的疑问。

在学堂里，孟宪民的功课一直完成得最好，就连先生也啧啧称赞道："这个小佬将来会有大出息的。"

私塾学堂的课业是枯燥的，课本是《论语》《中庸》之类，先生只要求他们一条条死记硬背，第二天去学堂要一个个单独背给先生听，如果背不出来，免不了一顿戒尺打手心。所以孟宪民并没有得到一丁点儿从学习中带来的成就感，反而和其他同学一样，背着小书包，嘴里念着这样的童谣："赖学精，巴天阴，下大雨，好开心。出太阳，打手心，挨木板，不照应。"

常州有个习俗，七月初七吃巧果、看巧云。孟宪民喜欢和小伙伴们站在高处，看着天边的云彩，想象着变成牛羊之类可爱的小动物。自然界的巧夺天工、变幻无穷，大大激发了孟

宪民对于自然世界无穷的兴趣，虽然不知道其中的道理，但这大大推动了他探索未知世界的动力。

同样是 1905 年，中国留日学生在东京正式成立同盟会，其中就有孟宪民未来的伯乐李四光。当年 9 月 2 日，清廷下诏废除延续 1300 余年的科举制度。中国的近代史与教育史在这一年迎来了历史性的变革。

孟宪民一直在乌龙庵旧居住到清光绪三十四年（1908），那一年他的父亲到湖北汉口工作，孟宪民跟随父亲到武汉，继续上四明小学。

在乌龙庵 8 年多的日子，见证了一位伟大科学家的童年，常州浓厚的人文底蕴滋养着他，心忧天下的家国情怀感召着他，他的远大理想与目标应运而生。

是年 8 月 15 日，清廷准从学部上呈的奏折，正式开办分科大学，分计经学、法政、文学、医、格致（自然科学常识）、农、工、商 8 科，开办费 200 万两白银。无数的知识分子真正拥有了学习先进科学知识、放眼看世界的机会与平台。科学兴国、实业救国的浪潮愈加明显。孟宪民深受该思想的感染与影响，责任感与使命感愈加明显。

四、立志报国稠

1914 年,孟宪民以高分考入了武昌文华学校。

这是我国内地第一所新式学校。更是现今我国唯一亲身经历过洋务运动、维新变法、辛亥革命及武昌起义、军阀混战、抗日战争和解放战争,直到新中国的今天,从来没有间断的现代完全中学。系中西方文化教育交融的重要窗口、西方资产阶级民主革命思想传播的重要渠道、武昌革命源泉日知会的发祥地、中国童子军的发源地。

让我们了解一下这所新式学校的历史沿革——

清道光二十年(1840),美国基督教传教工作在中国开

文华书院翟雅阁健身馆

始,清道光二十五年(1845)美国传教士文惠廉来中国传教,这是美国圣公会来华的第一位主教。为褒扬文主教来华的传教工作,美国基督教决定办一所学校来纪念他,于是在鄂湘教区主教韦廉臣的主持下,在武昌城南置地创办了一所男生寄宿学校,英文名称是:Bishop Boone Memorial School。简称:Boone School,译成中文是"文主教在华纪念学校"。仿照中国书院制度取名文华书院,俗称文华学校,于清同治十年(1871)10 月 2 日正式开学。

学校起初开设了英文、算术、格致课程等,清光绪十六年(1890),教育教学改革,增设了数学、物理、化学、体操、音乐、美术等许多课程,教材均采用美国原版教科书。同时还开设有国文、历史等科目,并逐步提高各科难度,教学用语为英语和国语。同时又设立文娱室,学生课余可自由选择活动内容。在学制方面分为六个年级,每个年级为两个学期,每周休息一天,每年有寒暑两假。

清光绪二十九年(1903),文华书院增设大学部。这种由中学书院开办大学,当时在全国也是首创。当年向美国政府立案,文华书院改名为文华大学校。1924 年大学部合并另两校,起名华中大学;中学部则改名为武昌文华高级中学,同在昙华林校园内。

1927 年,学校主持人曾宣布停办,但许多中国籍教师不肯离去,在校园里继续办起文华补习班,并向中国政府申请立案,于 1929 年定名为私立武昌文华中学。

学校办学理念先进,办学方式多样,根据当时形势,创办了《文华学界》《文华季刊》等杂志,成立了学生军,于清宣统元年(1909)首创了中国第一支中国人演奏西洋铜管乐器的乐队,又于1912年首创了中国童子军,并迅速推广至全国各地。学校的校医院不仅为师生健康服务,还开门为市民看病治病。

学校既有外籍教师,也有中国教师(包括留学欧美的教师)。学校采用多种教学方法,深受学生欢迎。如除上课用英语和国语外,英美籍教师和学生一起组织成立益智会,专门练习英语,创办英语剧社,排演英语名剧。师生们也自愿组织开展各种社团活动。这些活动,极大地锻炼和提高了学生适应社会服务社会的能力。

学校社会影响日益提高。湖广总督张之洞欲办新学,几次亲临文华考察取经。由于文华外语教学成绩突出,社会对外语人才需求量大,张之洞欲以重金将其孙送文华就读,后因其孙不愿入教而未读成,文华的影响可见一斑。

清末革命团体日知会的领袖刘静庵曾在文华学校任教,在他的影响下,文华师生周苍柏、张纯一、卢春荣等数十人加入同盟会。武昌起义打响后,文华学校首任华人校长余日章出任鄂军政府黎元洪都督的英文秘书,并自告奋勇持黎元洪的亲笔信,乘小木船到长江中清廷海军提督萨镇冰的军舰上,劝说萨镇冰所率舰队不要炮轰武昌城,最后萨镇冰维持中立,率舰队离去。由文华中学教师张纯一作词、余日章作曲的文华"学生军军歌"成为武昌起义革命军军歌。

1938 年迫于日本的猖狂侵略,李辉祖校长率领文华初中二部、希理达女中等 500 多人南下至云南、广西、贵州等地办学,历时八年。流亡办学期间,条件十分艰苦,但全校师生员工同仇敌忾,教学成绩斐然,多次受到教育部嘉奖。

中华人民共和国成立后,学校由私立改为公立。1952 年大专院校调整,华中大学与另两所大学合并,迁至桂子山,形成今天的华中师范大学("常州三杰"之一恽代英的母校)。文华中学响应政府号召,由县华林校区迁至粮道街原中华大学校园,校名因此改为华中师院附中。1956 年学校由市教育局接管,校名改为武汉市第三十三中学。1985 年又恢复为武昌文华中学。

文华学校新颖的课程设置,先进的教育教学,使学生得到全面发展。孟宪民就读期间,得到了良好的教育,获得了珍贵的知识,学到了许多新课程,有算术、理科、历史、地理、美术、体操、英文等。他像海绵吸收水分那样,拼命吮吸那些新的科学知识。渐渐地,他懂得了西方的洋枪洋炮、货轮兵舰,统统是用先进的科学技术制造出来的。中国要想富强,也必须学习和掌握这些科学知识。

同时,他牢记明代家乡先贤顾宪成所撰的"风声雨声读书声声声入耳,家事国事天下事事事关心"心怀远大抱负之名联,关心国家大事。常常与同学们一起,阅读各种进步书刊,进行校园演讲,树立伟大理想,为日后报效国家打下了良好基础。

岁月如梭,转眼到了 1918 年,清朝的躯壳早在隆隆的

清华园二校门

炮声中成为灰烬。但民国的成立，并没有让中国的有识之士感到一丝宽慰，先有袁世凯窃取革命果实，后有张勋复辟，军阀混战炮火连天，加之丧权辱国的"二十一条"，无疑将早已饱受煎熬与灾难的国度，再次推向无底的深渊。怎么办？怎么走？无数的仁人志士陷入了沉思与迷茫，也更加增强了青年一代寻求真理之光的决心与动力。

这一年，孟宪民考入北平清华学校（今清华大学）高等科，从此正式开始了他的地质学探索之路。清华学校原为清末游美肄业馆，对于当年的入学考试，同为清华学校毕业的哲学大师金岳霖先生在回忆录中曾这样写道："入学考试'点名'，到的学生站在广场，唱到学生名字时，相应的学生就高声喊'到'。考官就在那个学生的名字上用银珠红点一

下，如此，他就'正式'入场了……重要的东西是头一场考试：国文、算学、英文。英文我觉得不怕，算学靠运气，怕的是国文。"可见当年竞争之激烈。

后来成为清华大学校长的常州籍教授梅贻琦有治学箴言："所谓大学者，非谓有大楼之谓也，有大师之谓也。凡能领导学生做学问的教授，必能指导学生如何做人，因为求学和做人必是两相关联的。凡能真诚努力做学问的，他们做人亦必不取巧，不偷懒，不作伪，故其学问事业终有成就。"

当年 5 月 15 日，鲁迅在《新青年》杂志上发表《狂人日记》，这是国内首次发表的白话小说，是孟宪民在北平最早吸收到的新文化养分。新思潮、新思想激发了他的热情与眼界，更加坚定了他探求新知识的梦想。

1919 年，轰轰烈烈的"五四运动"爆发，北平各校学生闻"巴黎和会"我国外交失败，举行示威运动，反对"二十一条"，要求罢黜曹汝霖、陆宗舆、章宗祥，并将章宗祥殴伤，学

孟宪民使用的钢笔（包立本藏）

生被捕千余人,旋宣告一律罢课,全国工人、学生、工商界响应,罢工、罢课、罢市,形成一个由无产阶级、城市小资产阶级、民族资产阶级参加的反对帝国主义、打倒卖国贼的群众性的爱国运动,政治、文化影响极大。

正在读书的孟宪民,怀着心忧天下的救国理想,义无反顾地积极参与"五四运动",亲眼见证了中国青年这一划时代的觉醒。

5月5日,孟宪民所在的清华学校也沸腾起来。下午,北平各大专学校在北大三院礼堂集会,孟宪民等3000余位学生到会。

5月9日,孟宪民会同大家在清华校园内挂半旗,各处电线杆上都贴着"勿忘二十一条!""还我青岛!"等标语,并在体育馆举行了"国耻纪念会",会上决议通电巴黎,要求中国代表拒绝在和约上签字,并庄严宣誓:"口血未干,丹诚难泯,言犹在耳,忠岂忘心。中华民国八年五月九日,清华学校学生,从今以后,愿牺牲生命以保护中华民国人民、土地、主权,此誓。"

会后,孟宪民与众多清华学生一起,将清华售品所内和同学所购之日货在体育馆前大操场焚烧,观者皆欢呼。

经过这些革命风暴的洗礼,孟宪民的理想信念更加坚定,前进的动力更加充足。

20岁,已到弱冠之年的孟宪民,心智开始成熟,人生得到历练。他为自己起了字,叫应鳌,意思是要像鳌鱼一般畅游,并出类拔萃。

大学的四年，对于孟宪民而言，无论学业与觉悟，都拥有了质的飞跃。等到1922年夏天，孟宪民完成了大学学业，从清华学校顺利毕业，成绩优异的他获得了赴美国留学的机会。

汽笛声响，轮船远航，孟宪民站在甲板之上，望着远去的祖国，前方将是未知的世界，他的一生也翻开了崭新的篇章。

第二章
求索者:归去来兮

费家弄

赴西洋求学，是当时大多数知识分子的共同选择，青年孟宪民的赴美之旅，开阔了他的眼界，尤其拜于名师门下，使他的学术水平逐渐提高至新的境界。

一、初到美利坚

刚到美国的孟宪民，最初在美国科罗拉多矿业学院学习。科罗拉多矿业学院是世界一流的公立研究型大学，更是地质矿业人才的摇篮，该校创办于1874年，历史源远流长。孟宪民在该校的学习异常刻苦高效，从1922年夏开始，仅用两年就读完了地质专业全部课程，并于1924年毕业，后获得工程师称号。

那一年，美国的工业化水平已达到顶峰状态，曾有专家估算，当时的美国平均每十秒钟就可以生产出一台汽车，美国欣欣向荣的景象，大大地触动了孟宪民等中国留学生的心，回想

美国科罗拉多矿业学院

起祖国的支离破碎、民不聊生,更加坚定了他们学成报效祖国的信念。

当时的西方人非常傲慢,他们十分轻视中国的留学生,甚至嘲笑中国人是东亚病夫。孟宪民深知落后就要挨打的道理,努力地将自己的成绩赶在系的前列,他明白,只有用自己的努力,才能改变他们的偏见。

图书馆里、教室里,孟宪民一直是最早到最晚离开的。他反复磨合消化苦涩难懂的地质知识。

"因急于毕业,把课程排得很紧,终于两年把地质课程读完。"事后回忆这段紧张求学的日子,孟宪民却给人一种轻描淡写的轻快之感。

获得优异成绩毕业后的他,第一时间便到美国蒙大拿州的标特铜矿参观考察。

1924年9月18日,中国国民党发表了《北伐宣言》。宣言申明,北伐的目的,在于"造成独立自由之国家,以拥护国家及民众之利益"。

9月20日,北伐军在韶关誓师北伐。

9月22日,孙中山下令北伐各军改称建国军。"打倒列强、铲除军阀"的口号响彻云霄。

消息传到大洋彼岸,时刻关注着祖国消息的中国留学生沸腾了,孟宪民看着报纸上的消息,激动得夜不能寐。他回忆起在前往美国的邮轮上,无数青年学生唱的那首歌:

"中国男儿,中国男儿,要将只手撑天空。睡狮千年,睡狮千年,一夫振臂万夫雄。长江大河,亚洲之东,峨峨昆仑,翼翼长城,天府之国,取多用宏,黄帝之胄神明种。风虎云龙,万国来同,天之骄子吾纵横。"

于是,孟宪民更加充满激情投入到学习工作中去。翌年,他回到母校,经导师及朋友的多方努力,他在该州虎城铅锌矿业公司找到实习机会,任井下采样员和化验员,工作一年多。他非常珍惜这来之不易的机会,每天准时到岗,下井到一线实地考察,超额完成工作任务。

在美国的这段日子也为他后来的学术研究积累了难得宝贵的实践经验。

二、拜师林格仑

1926 年,孟宪民以优异的成绩进入美国马萨诸塞州理工学院研究生班继续深造,受教于著名矿床学大师 W. 林格仑(Lindgren)教授,致力于矿床学理论的学习和研究。

W. 林格仑教授于 1860 年 2 月 14 日生于瑞典东南部波罗的海沿岸历史名城卡尔马,1939 年 11 月 3 日卒于美国马萨诸塞州的布赖顿。

W.林格仑像

林格仑的父亲是一位法官,阅历丰富,知识渊博,兴趣广泛,家中藏书万卷,母亲是一位神父之女,先祖地位显赫。林格仑受家庭熏陶,自小喜欢读书,由于家乡附近有铁铜矿山正在开采,他常去参观,于是他 10 岁时,开始对矿山岩石与地质类书籍感兴趣。14—15 岁,父亲支持他参观了瑞典中部矿山。16岁,他参观了国外挪威的一些矿山。17岁,他前往德国弗莱堡皇家矿业学院及附近萨克森地区的矿山进行考察。18岁,他高中毕业后,利用暑假在瑞典锌矿打工两个月。这些青少年时期的人生历程激发了他对地质学的浓厚兴趣。

1878年,林格仑考入了名满天下的弗莱堡皇家矿业学院,该校始建于1765年,是世界上最古老、最有影响的矿业学校之一,直到今日依然是世界范围内重要的地质研究机构。这里是水成论的集大成者亚伯拉罕·戈特洛布·维尔纳生活与教学的地方,也是世界著名自然科学家亚历山大·冯·洪堡与地球化学家维克多·莫里茨·戈德施密特的母校,更是铟、锗两种稀有元素的发现地。因此,吸引了全世界对地质、采矿、冶金感兴趣的学生精英。林格仑入校时,这所学校正处于声名与地位的巅峰。在众多对林格仑施教的老师中,主讲地质与矿床学的斯特尔茨纳教授毫无疑问是对他影响最深远的一个,甚至影响了他未来的职业生涯。斯特尔茨纳强调使用显微镜对岩石与矿物进行分析,也是当时盛行的侧分泌理论的坚决反对者,他认为成矿热液及其中的金属成矿物质来自深部岩浆而非围岩,这种观点被林格仑日后发扬光大。林格仑在校期间,如饥似渴学习各种专业知识,常常把书籍放于床头,每晚阅读至深夜,直到昏昏睡去。与此同时,他结交了许多来自世界各地的同学,与他们发展了友谊,拓展了自己的语言才能,这些都为他未来的成功树立了信心和勇气。

林格仑于1882年大学毕业后,继续在弗莱堡皇家矿业

学院进行了一年研究生学习，其间发表了 3 篇论文。假期里，他考察了德国、奥地利、意大利、捷克、智利等国家与地区的许多知名矿山。他渴望能在广阔的天地里从事与采矿活动有关的职业，瑞典已经满足不了他的要求，智利的邀请他也予以婉拒，他准备去当时采矿活动正蒸蒸日上的美国西部大展经纶。

1883 年 6 月，林格仑漂洋过海来到了大洋彼岸的美国，加入了拉斐尔·庞佩利教授领导的北方太平洋铁路公司组建的北横贯大陆测量调查队。遗憾的是，第二年任务完成后，调查队解散，林格仑失业了。他只能在其他公司找到了化验员、冶金炉设计师等工作，但这都不是他内心真正喜欢的，他的兴趣在于采矿与地质。在拉斐尔·庞佩利教授的推荐下，他向美国地质调查局负责太平洋部门的贝克尔递交了申请。当时贝克尔刚刚完成了康斯托克矿脉的勘查工作，正在调查加利福尼亚的汞矿以及计划开展内华达山脉金矿的系统研究，此刻是急需人才的用人之际。1884 年 11 月，林格仑正式成为美国地质调查局的一员，自此他的成就和荣誉与这所世界上最为强大的地质机构息息相关。

最初，美国地质调查局并没有重视这一位来自异国他乡的年轻人，他只是一名普普通通的地质工作人员，每年的主要任务就是外派到野外，进行地质调研，撰写相关报告。在这平凡、默默无闻的岁月里，他一直保持着高涨的热情，从一个矿区到另一个矿区，深入研究探讨新的矿床特征及其相互联系。他慢慢积累了丰富的知识与深邃的洞见。谁也没有想到，这个年轻人，他正在系统奠定未来矿床学的实践与理论基础。1897—1898 年，他曾到斯坦福大学给学生授课，讲述矿床学。1898 年，林格仑又回到西部野外，继续调查地质、吸取经验、概括理论。他强烈地感到，有责任让人们了解他的工作成果，潜意识里他认为这些推论确凿无疑。他发扬擅长写作的习惯，他的新观点、新认识、新思维不断出现在有关文献上，他所发表的完整性、洞察性、创造性矿床学新理论慢慢引起了大家的注意。

美国采矿工程师协会于 1900 年 2 月在华盛顿组织召开会议，他提交了《裂隙矿脉中的交代作用》论文，这篇论文令人耳目一新，通过大量无可争辩的野外事实及显微镜下证据，论证了这些矿脉的形成主要与深部岩浆作用有关，这成为林格仑终生对成矿作用理解的哲学基础。他的杰出能力和卓越才华第一次展现在世人面前。随后出版这次会议的论文集《美国采矿工程师协会学报》，成为美国矿床学史上名副其实的里程碑之作。

随后，林格仑在美国地质调查局的地位扶摇直上。1900—1908 年间，他先是成为了一些技术与管理委员会的成员或主席，继而擢升为新成立的矿物资源调查部门的首长，然后接替埃蒙斯执掌金属地质部门，1911 年更是荣升为美国地质调查局总工程师。因为担任领导职务牵扯了他太多时间精力，而他内心深处还是更喜欢研究地质学术知识，所以在1912 年，他辞去了总工程师一职，转投马萨诸塞州理工学院，成为地质系一名矿床学教授及系主任，从此他像雨露一样滋

润着成千上万来自世界各地的学生，与他们分享着在矿床学方面的经验与观点。

林格仑作为同是沦落异国他乡的学者，对于孟宪民这位中国学生异常重视，对于中国的不幸深感同情。

林格仑无私地把他的研究成果与研究方法传授给孟宪民。孟宪民学习了许多矿床起源于岩浆热水溶液的知识，分析成矿物理化学条件的准则和方法，尤其把矿床分为岩浆分凝接触变质、伟晶岩、热液和沉积等几大类。

对于孟宪民而言，老师的言传身教，使他的地质学理论更加丰满成熟，不仅开阔了眼界，也使他的理论研究在老师的带领下逐渐走向世界的前列。

林格仑一生著述丰硕，领域宽泛，题材多样，共发表各类文献

βetascript
publishing

Waldemar Lindgren

Geologist, Economic Geology, Freiberg Mining Academy,
Mining engineer, U.S. Geological Survey

High Quality
Content
by WIKIPEDIA
articles!

Lambert M. Surhone,
Mariam T. Tennoe, Susan F. Henssonow (Ed.)

《瓦尔德马·林格伦》书影

1312 篇,其中摘要 1068 篇,经济地质 137 篇,讨论 23 篇,评论 23 篇,矿物学 16 篇,科学与职业现状 11 篇,岩石学 9 篇,普通地质 8 篇,地理学 6 篇,教材 6 篇,地质学家介绍 5 篇。1905 年由他创办的《经济地质》杂志,更成为世界上发行范围最广、影响最大的地质杂志之一,这也是孟宪民最喜欢阅读的地质刊物。

林格仑常把一句民谚放在嘴边:"失之毫厘,差以千里(A miss is as good as a mile)",来提醒学生们。

孟宪民对于林格仑的代表性专著《矿床与物理条件的关系》《矿床学》《裂隙矿脉中的交代作用》《美国科迪勒拉地区的岩浆分异作用和成矿作用》等如数家珍,成为从事学习研究的重要参考书。

三、"我一定要回去！"

1927年夏天，孟宪民获得了美国马萨诸塞州理工学院硕士学位。

这一年的4月12日，国民党反动派在上海发动"四一二"反革命政变，勾结封建势力、帝国主义势力进行复辟，大肆捕杀爱国青年。

5月21日，湖南的国民党反动军官许克祥在长沙发动反革命政变（即"马日事变"），袭击湖南省总工会、省农民协会及其他革命组织，捕杀共产党人、国民党左派和革命群众。这个事变是武汉国民党反动派和南京国民党反动派公开合流的信号。

7月15日，汪精卫撕下伪装面目，发动"七一五"反革命政变，第一次国共合作彻底破裂，北伐大革命宣告失败。

8月7日，在关系中华民族前途和命运的关键时刻，中共中央政治局在汉口召开紧急会议（史称"八七会议"），选出了以常州人瞿秋白为首的中共中央临时政治局，确定了土地革命和武装斗争的总方针。

当时，中华民族的内乱，让中国之命运再一次徘徊在十字路口。

1927年4月28日，瞿秋白和杨之华在武汉举行的中共五大开幕式会场合影

这种种严酷的现实，像一盆冰水浇在孟宪民头上。他的心凉了，不过，头脑也清醒多了。他懂得了，虽然清朝皇帝已不存在，名义上的共和也建立了，但封建势力依然占据统治地位，他们还同帝国主义进行着肮脏的勾结。政府还算什么革命政府？早已成了挂羊头卖狗肉的旧式衙门了。他的希望破灭了，一腔热情变成了无穷恼恨。

"革命是一定要继续的！"但是怎样继续下去呢？孟宪民突然想起孙中山先生当年的想法。在他看来，仍然有两个途径。一个途径是针对国内反动势力，用一切方法和它作你死我活的斗争，以彻底铲除旧势力，建立真正人民当家作主的共和国。另一个途径就是科学救国，用科学技术对抗帝国主义对我国的欺侮蹂躏。

显然,他选择了第二条路,继续学习科学,用科学技术来拯救祖国。

孟宪民为民族命运深深忧虑着,为了使国家早日走出苦难,走上科技富强之路,孟宪民拒绝了美国马萨诸塞州理工学院的高薪聘请和老师林格仑的真诚挽留,毅然决定:"我一定要回去!"

他简单收拾了行李与资料,匆匆告别了学习与工作达 5 年之久的这片美利坚土地,告别了恩师与学术同人。

阵阵汽笛声伴随着海鸥的鸣叫,一艘巨轮拔锚起航,孟宪民站在船板之上,海水滔滔拍打着舷壁,海风吹乱了他的头发,心中的思潮在此时迸发:苦难的祖国啊,何时才能像这巨轮一样,昂首阔步,扬帆起航?!

岸边的朋友们向孟宪民挥手告别,孟宪民感动得久久不能平静,直到海岸渐渐消失在大海的远处……

四、归国遇伯乐

孟宪民回国不久，正逢北京大学地质系教授李四光受中央研究院院长蔡元培之托，筹建该院地质研究所。

李四光（1889—1971），湖北黄冈人，早年官费赴日本留学，加入中国同盟会，走上革命的道路。李四光是中国同盟会最年轻的创始会员，孙中山送给他"努力向学,蔚为国用"八个字。辛亥革命爆发后，李四光出任湖北军政府实业部部长，1913年再次远渡重洋，去英国留学，考入英国伯明翰大学，先学采矿,后改学地质,1919年毕业,被授予硕士学位。1920年,回国后的李四光先后任北京大学地质系教授、系主任,还担任过北京大学评议会的评议员和理学院的庶务主任。

关于李四光名字的由来,还有段故事——

少年李四光

清光绪二十八年(1902)，时年 14 岁的李仲揆到武昌高等小学堂报名处，交了费，买了一张报名单。单子上印着姓名、年龄、性别、籍贯等好多栏目。

当他坐在桌前拿起毛笔，路途的劳累，让他心情还平静不下来，一走神，竟在姓名栏下，写了"十四"两个字。

"糟糕！"李仲揆差点叫起来，原来把年龄填到姓名栏里去了：怎么办？成了姓"十"名"四"啦！

李仲揆冷静地想了一下，先把"十"字改成了李字；可这"四"字怎么改呢？重新买一张报名单吧，钱又不够了。难道就叫"李四"？"张三李四的，这多难听！"他不觉摇了摇头。

忽然，他一眼瞥见大厅正中挂着一块横匾，上面刻着"光被四表"四个大字。他的目光不觉停在这四个字上，心里默念着："光被四表"……

"有了！'四'字不动，后面再加上一个'光'字——'李四光'。对啊！四面光明，光照四方，前途是有希望的啊！"

李仲揆立即提起笔来，又端端正正地加了一个"光"字。

经过考试，李四光成绩优秀，名列第一，被武昌高等小学堂录取。

日后，李四光的大名在科学界如雷贯耳。

李四光求贤若渴，他如同伯乐一般，第一时间发现了这位刚刚归国的青年才俊。

在当时的中国，像孟宪民这样受过如此优良地质教育的人真是凤毛麟角。

因此，李四光一边马不停蹄地向蔡元培推荐，一边着手向孟宪民发出邀请。众望所归,孟宪民正式出任该所研究员,成为中国地质学奠基者之一。

孟宪民全程参与并见证了中央研究院地质研究所初期发展的艰辛历程——

1928年1月,中央研究院地质研究所在上海挂牌成立,初建时,首先遇到的困难是房屋、图书、仪器设备的缺乏。由于国民政府建都南京,大小机关纷纷成立,房子全被占用,地质研究所随中央研究院只好暂设上海。临时租用民房,几经搬迁,不得安定。开始设在上海闸北宝通路;1928年7月迁到霞飞路;1929年11月迁到沪西曹家渡小万柳堂。

20世纪30年代的中央研究院地质研究所

1932年1月28日,淞沪之战爆发,曹家渡正处在战线附近,地质研究所只好再次搬家,几经商洽,临时借用了中国科学社明复图书馆两间会议室。

孟宪民后来回忆当时的情景说:"隔不了多久,几个人又要扛起'地质研究所'这块招牌,在上海马路上跑来跑去。"

9月,地质研究所由上海迁往南京合并在成贤街中央研究

院院部办公。经过这样几次的折腾，直到 1933 年秋，坐落在南京鸡鸣寺路的办公楼建成，地质研究所才算有了正式的所址。几年来图书也陆续有所增加。但仪器设备方面，因经费困难，除必备的测量仪、指南针、显微镜外，其余一直未能得到解决，以致原计划进行的物理地质（光学、高温、高压等）实验，始终不能开展。

研究所条件虽然简陋，但机构和人员是很精干的。初期，只有职员 29 人。其中，专任研究员 8 人，兼任研究员 1 人，特约研究员 4 人，助理员 11 人，绘图员 2 人，图书管理员兼庶务 1 人，文书 2 人。以后人员虽有更迭，但人数变化不大。所长和秘书一直由专任研究员兼任。

研究所内还有一位常州同乡，叫徐渊摩，曾于 1924 年协助竺可桢筹建东南大学地质系，担任教授兼系副主任，是中国地学界十八罗汉之一。孟宪民与徐渊摩一见如故，成为好友，相互交流、切磋地质学术问题。

孟宪民从此开始了在国内的地质研究生涯，他的理想与抱负，正在通过他的学识才干，一步步地实现。

第三章

寻路者:三下云南

木桥头

　　路在脚下，更在心中，心随路宽，心路常宽。孟宪民在人生的道路上，放宽心，一步一步地前进，看到了美丽的风景。

一、苦练爬山

　　刚刚开始地质研究工作时，或许许多人难以置信，对于孟宪民而言，爬山并不是他的强项。

　　1927年初冬，他第一次在南京紫金山观察地质时，和一位朋友一同爬山。后来，他回忆："当时那位会计朋友爬山能力比我高明得多。我落在他的后面很远。我弄得很窘，汗流如雨，气喘似牛。但不上山，怎样交代我是一位地质人员？"

　　孟宪民不甘示弱，一定要登上紫金山山顶。其实去过南京的人都知道，这山真不高，也谈不上险峻，但孟宪民还是费了九牛二虎之力才爬到山顶，而且一身透汗，气喘吁吁。及至

南京紫金山

下山与朋友一道返回时，东城门都已经关闭了。不得已，他只能绕道至下关郊外，花钱在旅社里住了一夜才了事。

"这件事给我打击不小，我有点泄气，因为我作为一位地质人员体质太差，连做地质工作的起码条件都没有。"

紫金山的尴尬往事，给刚踏入地质门槛的孟宪民上了课堂上不曾学到的重要一课。从那以后，他苦练爬山，后来不仅掌握了爬山要领，身体素质也提高了。爬山再也不累不喘了。

直到1965年，孟宪民在安徽黄山花岗岩讨论会上，还不忘笑谈年轻时的这段经历："这使我相信，只要有毅力，经过努力，许多事还是可以办得到。学习地质最重要的一点是联系实际、联系野外。要做到这点，首先就是要能够爬山走路。"

1952年，孟宪民带领莫柱孙等成员在鄂东阳新大冶一带进行铜矿普查，鄂东一带的石灰岩地区，茅草丛生，荆棘满山,稍不小心,就会划破手脚。年轻人每天出发之前,个个都全副武装起来:工作服、爬山靴、绑腿、手套,一应俱全。而年过半百的孟宪民却行装很简单,只穿一双草鞋,戴上一顶草帽,便和大家一起爬山考察去了。在翻山越岭,特别是攀登石灰岩的孤峰残丘的考察中,孟宪民竟健步如飞,总是一马当先,使许多比他年纪小的年轻人还有点赶不上。这充分显示出他在野外久经锻炼的功力,让年轻人惊叹不已、佩服之至。这实际上是给年轻人上了一堂最生动、最有教育意义的野外地质课。

纵观孟宪民的一生,也确实像在登山。他始终以坚忍不拔的勇气,以不折不挠的精神,以矫健有力的步伐,攀登一座座地质大山。

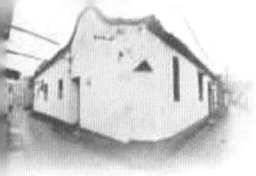

二、一下云南

做好了充足的预期准备,孟宪民正式开始了他的实地地质调查工作。当时,社会上流传着这样的顺口溜:"女子不嫁勘探郎,一年四季守空房,有朝一日回家转,抱着一包破衣裳。""远看像逃难的,近看像要饭的,跟前一看是搞勘探的。"话虽说得过分了些,但反映了地质工作的艰苦性。从1928年到1946年的十多年里,孟宪民的足迹踏遍南北各地,其中,三下云南成为

云锡老厂胜利坑附近

他的杰作。

锡矿为云南省的优势矿产之一,资源丰富,开采历史悠久,在国内外素享盛名,云南历来是我国产锡最多的省(区)。个旧锡矿开采始于汉代,至今已历两千年左右,有锡都之称。从 1956 年开展全省范围的矿产普查和 1:100 万、1:20 万区域地质调查以来,先后在滇东南、滇中及滇西地区发现了一系列锡矿产地,储量明显增长。1991 年统计,全省共有锡矿床(点)81 处,其中大型矿床 9 处,中、小型矿床 20 处。云南锡矿资源的优势主要表现在探明储量多、分布面广、矿石可选性能好,并且资源还有较大远景。探明储量 213.1 万吨,其中工业储量 162.3 万吨,保有储量 115 万吨(工业保有储量 64.9 万吨),占全国保有储量的 33.79%,居第一位。锡是云南省有色金属矿产中的主要矿种,锡业成为本省经济振兴的基础产业,锡产品是全省出口创汇的拳头产品之一。据 1991 年统计,国营锡矿 13 个,总产量 588 万吨,产值 26464 万元;乡镇企业矿山 292 个,总产量 264.9 万吨,产值 1235.7 万元。仅 1985 年,全省产锡 1.84 万吨,占全国锡产量的 73.6%,可见云南锡业生产在全国具有举足轻重的地位。

个旧矿区,北起普雄、鸡街,南达红河,西到建(水)元(阳)公路,东至大屯海,面积 2140 平方公里。

个旧矿区以产锡为主,共(伴)生有铜、钨、铋、铅、银等多种金属。南北向个旧断裂将矿区分为东、西两部分。东区面积约 810 平方公里,出露地层主要为中三叠统个旧组碳酸盐岩。从北至南有马拉格、松树脚、高松、老厂、卡房五大矿田,

集中了个旧矿区的主要锡矿床。西区面积 1330 平方公里,出露中、上三叠统泥质灰岩、砂页岩,主要构造为一轴向北东的贾沙复式向斜,沿其轴部有 310 平方公里的燕山期花岗岩产出,探明有牛屎坡大型砂锡矿床及陡岩、孟宗、贾石龙、竹箐坡、新寨、头道水等数十个中小型锡、铅矿床(点)。矿床的生成与燕山中晚期花岗岩侵入有关,主要是岩浆期后锡石硫化物多金属矿床,地表形成残坡积砂锡矿床。

个旧矿区开采历史悠久,据《汉书地理志》记载,"武帝改滇五国为益州郡,贲古北采山出锡,西羊山出锡、铅,南乌山出锡"(贲古即今蒙自、个旧一带)。明《正德云南志》记有"锡蒙自个旧村出",个旧之名始见于史籍。明代个旧以采炼银铜为主,同时也采到共生的锡矿,炼出了锡。清康熙四十六年(1707),当局明令开发个旧银铜矿,并委官征收课税,产量大增;清乾隆五年(1740),改铸青钱,滇、川、黔铸币局在个旧采购版锡,锡业生产得以发展,当时"商贾往来,络绎不绝,四方来采者,不下数万人"。清光绪九年(1883),蒙自、蛮耗开关,法商来个旧购锡,并开征大锡出口税,锡业生产才开始有统计数,清光绪十年(1884),产锡达 1315 吨。光绪三十一年(1905)八月,个旧锡务股份公司成立,清宣统元年(1909),改组为个旧锡务公司。清宣统二年(1910),滇越铁路通车,大锡经铁路转运香港销售,进一步促进了个旧锡业的发展。1909—1939 年,共出口大锡 238221 吨,个旧因此闻名中外。1941 年日军占领越南,切断了运输线,影响了锡业生产,1944 年锡产量降至 1613 吨。1946 年国民政府与美国签订《金锡协定》后,直接在个旧收购锡砂空运美国。

个旧矿区虽然开采历史较早,但地质勘查是近百余年的事。虽然中外学者络绎不绝前往考察,但在矿床成因、找矿预测等方面一直没有重大突破。其实早在 1914 年,地质学家丁文江考察云南地质,在个旧矿区调查了将近两个月,对矿区地质与锡矿采、洗、炼等方面的调查曾有不小的收获,但这项调查未能继续。

丁文江(1887—1936),江苏泰兴人,是中国科学化运动的先驱,中国地质事业的奠基人。其科学贡献并不限于地质学一门,他在地理学、古生物学、人种学、少数民族语言学等方面都有创获。他既精于科学而又长于办事,是一位有代表性的公共知识分子,是"我国现代稀有的人物"(蔡元培语)。

丁文江像

1934 年,云南省教育厅请中央研究院总干事丁文江特派孟宪民,偕同实业部地质调查所陈恺赴云南调查个旧锡矿,希望有所突破。

丁文江把自己早年在个旧及云南其他地区工作时的原始笔记、野外草图等资料毫无保留地交给孟宪民、陈恺两人,并嘱咐他们要从地形测量做起,再完成地质矿床学研究之全过程。

当时条件差、任务紧,但再大的困难也只能克服。孟宪民、陈恺及云南大学矿冶系何塘等整整做了半年野外调查,测绘了个旧主要矿区 1:10000 地形地质图和外围地区 1:50000 地质图,并对区域地质和矿区地质进行深入的研究,及时上报南京国民政府。

根据孟宪民的强烈建议,南京国民政府决定在个旧进行现代化的矿山建设,在中国矿业工业化、现代化方面迈出了坚实的一步。

孟宪民于 1935 年初结束工作,同年孟宪民赴云南参加中英会勘滇缅边界工作,完毕后与陈恺、何塘两位先生进行室内整理研究,得出重大成果。

1936 年初,丁文江在湖南考察煤矿时,因在住所煤气中毒,不幸病逝。当年创刊的《地质论评》第 3 期是《丁文江先生纪念号》。孟宪民为纪念丁文江而在该期发表了研究成果之概要文章——《个旧地质述略》。

紧接着,孟宪民与陈恺、何塘在 1937 年出版的《中国地质学会志》第 16 卷上联名发表了《云南个旧锡矿地质述略》一文。这是关于个旧锡矿最早的、系统性的地质研究成果。该文对个旧地区的地层、构造、矿物、花岗岩侵入体、矿床等作了精湛研究,还绘制了该区花岗岩与湖南临武香花岭花岗岩的化学分析对比表。最后,得出了关于矿床成因的精辟结论。

孟宪民等在该文中指出:在前震旦纪已有云南弧形构造,古生代结束时,长期剥蚀作用将大多数古生代地层剥蚀掉,三叠纪以后的地层直接不整合覆盖在前震旦纪古老地层之上。三叠纪早中期沉积了巨厚的个旧灰岩。此后发生了重要的造山运动(今日所称的"印支运动"),造成火把冲煤系(当时孟宪民等认为是侏罗系,今日则定为上三叠系)与个旧灰岩间之不整合。此后,在侏罗纪又发生燕山期的褶皱、逆掩断层及花岗岩基侵入。

孟宪民等进一步论述了成矿的条件:第一是大地构造位置利于岩浆分异;第二是气成矿物有好的储集场所;第三是具体的容矿构造,即背斜、穹隆,使有用矿物富集成有经济价值的矿脉。个旧灰岩厚达1500米,多呈块状,是理想的围岩。个旧位于"云南弧"顶,裂隙最多,易为花岗岩基侵入。个旧锡矿区多小背斜及穹隆,可为容矿构造。这些得天独厚条件之齐备,使个旧成为良好的矿区。

若干年以后,云南地质的矿产专家邓玉书曾这样评论:"由地质调查,进而到应用地质,正确地开发个旧锡矿的前辈中,首推孟宪民教授和他领导下的同事们。"

三、二下云南

1937 年，全民族抗战爆发后，日军的步步逼近，使我国的战略矿藏与资源供应备感紧张。为了保证矿产命脉不中断，南

国民政府资源委员会旧址

京国民政府成立了由蒋介石任委员长，翁文灏、钱昌照分别任正副主任的资源委员会（前身为国防设计委员会，成立于1932 年 11 月，隶属于国民政府参谋本部，会址设于南京），主要从事矿石、冶金、电气实验和勘察、调查、研究等工作，并对钨、锑、锡、汞、铋、钼等特种矿产实行统制，以此为抵押获得大笔外国信用贷款。通过贸易，从国外进口大量武器装备和机器设备，增强了军事和经济实力。资源委员会实际上是抗战时期国民政府的最高经济领导部门，它不但支撑了中国的抗战，而且为战后的中国工业现代化打下了基础。

为了在云南勘探、开采矿产资源，1937年3月，国民政府经济部资源委员会主任翁文灏、副主任钱昌照召见中央研究院地质研究所所长李四光商洽选调人才。

翁文灏（1889—1971），浙江鄞县（今属宁波）人。出身于绅商家庭，清末留学比利时，专攻地质学，获理学博士学位，于1913年回国。是民国时期著名学者，中国早期最著名的地质学家，对中国地质学教育、矿产勘探、地震研究等多方面有杰出贡献。

钱昌照（1899—1988），江苏常熟人，1919年赴英国留学就读于伦敦政治经济学院，1922年在牛津大学深造。1930年起任国民政府教育部常务次长。同年加入中国国民党。1932年至1947年任国民政府国防设计委员会代理秘书长，资源委员会副主任、主

翁文灏像

钱昌照像

任、委员长,主持经济、工商业建设工作。

当翁文灏、钱昌照询问谁为合适人选时,李四光毫不犹豫地回答说:"孟宪民合适,他有经验。"于是大家一拍即合,立马邀请孟宪民再度出山,再赴云南个旧锡矿,任锡矿勘探队队长(后改为锡矿工程处主任)。

是年初,春寒料峭。

地质研究所,"丁零零"一阵清脆的电话铃声响起。

正在对 1934 年云南个旧锡矿调查资料进行分析实验的孟宪民拿起话筒。

"喂!哪位?"

"我找孟宪民先生。"

"我就是,您是谁?"

"我是国民政府资源委员会主任翁文灏,经委员会商议,请你带领锡矿勘探队到云南个旧老厂进行地质考察及勘探工作。矿藏是国家的经济命脉,国家要强大必须依靠经济和科学。现在日本等列强对我国虎视眈眈,中华只有国强才能不受外虏欺侮!"

"哦,此行责任重大,宪民愿担此重任,请问何时出发?"

"能快则快。"

受国民政府之邀的孟宪民,一方面深感无比荣幸,另一方面感到任务艰巨,他立即来到资源委员会。

"报告,本人孟宪民,特来向翁文灏主任报到。"

"哎呀,真是望穿秋水啦,里面有请!"

翁文灏看到意气风发的孟宪民,疾步来到门口迎接。

翁文灏、钱昌照等向孟宪民详细介绍了资源委员会的具体意见和方案。孟宪民感到这是一个专业对口又能强国的机会，暗下决心，一定不辱使命，为云南矿产资源勘探、开发作出贡献。

在资源委员会锡矿勘探队队长上任仅一个星期的孟宪民，成立了由自己总负责，谌湛溪为总工程师，有200多位工程技术人员和工人组成的锡矿勘探队。同年5月，第一批工作人员陈恺、张祖还、范相康、杨敏、张福、田树屏（医生）6人携带仪器用品自南京出发，经上海、香港、越南前往云南个旧。

孟宪民来到云南之时，正是龙云主政云南期间。

龙云（1884—1962），云南恩安（今昭通）人。彝族，彝名纳吉岬岬，字志舟，原名登云，民国时期滇军高级将领，国民革命军陆军二级上将，云南省国民政府主席，被誉为"云南王"。

龙云大力推进城乡建设，兴修水利，开办实业，发展教育，努力恢复云南的民生经济。抗日战争爆发后，他全力支援抗战，带领20万军民，仅仅用9个月的时间，修建成了959.4公里的滇缅公路，这条公路被称为"抗战输血管"。

1934年就到过个旧进行锡矿调查，后参加了中缅边界南未定界线勘察的孟宪民知道，个旧老厂私人厂尖（矿场）较多，要寻找适合竖井开凿的位置并不容易。

1937年3月至8月间，孟宪民风尘仆仆地来到个旧老厂（包括湾子街、耗子庙、花札口、老银厂、黄茅山等矿区）进行资源勘查后发现，老厂矿区开采矿石的厂尖多达1774个，砂

丁(矿工)逾 10 万之众。

正如 20 世纪 40 年代出版的《经济生活》杂志所描绘的:"开掘不分昼夜,各山电炬汽灯,彻夜明耀,有如白昼。来往各山至矿区运矿砂及生产、生活物资的骡马,凡万余匹,熙来攘往,途为之塞,市尘热闹,好像每天都是大街子……"

开凿竖井受到各个厂尖老板的反对和阻挠,孟宪民在简易的办公室里走来走去,思考着解决的办法。

"有了!"温文儒雅的孟宪民突然手舞足蹈地大叫起来。

"孟队长,什么有了?"众人大吃一惊。

"老厂是喀斯特地形,水源奇缺,溜口只有雨季才能生产,假如我们以打井取水的名义凿井,各厂尖的老板就不会反对了。"孟宪民道。

于是,勘探队的队员依计而行,三人一组,分头到各个厂尖宣传打井取水的好处,很快就得到了各个厂尖老板的理解和默许。

孟宪民花一个月时间完成了老厂矿区 1:2000 矿硐平面图和剖面图绘制。通过测绘工作,孟宪民发现所有硐子都是沿着两个不同层位开掘的,并且集中在一个小范围内,因此只要解决运输通道问题,就可以大大增加锡矿产量,他提出在老厂背阴山冲地面设计开凿一对直径 3.8 米左右、深度为 200 米左右的"双子"竖井采矿方案,同时在井下设计正规巷道及石门,以改变土法探矿、采矿和运矿的落后局面,实现运矿机械化。

9 月,正式选定秧草塘为厂址,在湾子街东北背阴山冲附近同时开凿东、西两井,又称"鸳鸯双井"。

孟宪民设计的鸳鸯双井(东井)

孟宪民设计的鸳鸯双井(西井)

东、西两井分别设于距矿体1.5公里处,东井用皮石砌壁,直径3.8米,西井井口处用钢筋混凝土浇灌,直径3.64米。因抗战爆发,向国外定购的机电设备一时不能到达,物资材料供给困难,所以只能人工手锤打眼,再加上日本飞机26架次轰炸炸坏井口边的基脚,进度十分缓慢。1939年9月,东井开凿至井深100多米时,井壁塌陷,1940年7月开始修复,直到1941年10月

才修复完成，其艰难程度可见一斑。

孟宪民与工程技术人员、掘井工人并肩作战，每天都下井指挥工作，风雨无阻。在他的表率下，大家热情高涨，克服了各种困难。

1940年11月16日，国民政府经济部资源委员会将云南锡矿工程处的全部资产折合法币590万元并入云南锡业股份有限公司，成立老厂锡矿，任命陈大受为总经理。并由矿长、工务课、会计课、事务课组成生产管理系统。东、西两井开凿进度加快。

1942年2月，历经4年多艰辛奋战，深200米的东、西两井终于开凿完工，并揭露矿脉开始输出锡矿。两井作用各异：东井主要用于绞运矿石和运送材料，西井主要用于运送人员上下班。

为了更好地管理矿区，特借鉴当时日本先进的企业管理模式，设立了九课三股的管理和生产体系。其中，三股即生产单位井工股、辅助生产单位机电股和土木股。

随后，在西井口建成老厂锡矿第一个压风站，修通了老厂至蒙自的简易公路。

孟宪民的"双子"竖井方案，提出时曾遭到一些人反对，但后来的实践证明，这个方案在个旧锡矿开发过程中作出了重要贡献。20世纪40年代，得益于这对竖井，云南锡业公司终于生产出大量锡矿。时任国民政府经济部部长兼资源委员会主任的翁文灏认为，这是个奇迹。

如今看来，两个竖井完全没有压在矿体之上，而且从井底开拓的平巷恰恰位于隐伏花岗岩矿化最强烈的深度。在当时既无钻探又无物探资料的情况下，能做到如此精准，不得不令人称奇，孟宪民也通过这一次勘探一举成名。

1949年10月底，在云南解放前夕，敌人企图搞破坏，准备炸毁"鸳鸯双井"，在地下党员和锡矿工人的共同努力下，制止了该起破坏事件，使"鸳鸯双井"完整地回到人民的怀抱。1950年1月17日，老厂矿区解放，中国人民解放军109团、110团进驻老厂锡矿。1月20日，老厂锡矿就恢复了生产。

中华人民共和国成立后，重工业部对云南老厂锡矿十分重视。1954年，东、西两井进行了彻底改造，换成了95千瓦的苏制绞车。东井的木井架更换为钢井架，西井支护部分更换为转圈混凝土。1986年6月，位于东、西两井不远处的黑山竖井建成启用，东、西两井先后结束了绞运锡矿、运送材料、提升人员的历史使命。东井于1986年8月停止运行，西井于2002年2月停止运行。之后，东、西两井主要用于坑下通风，并作为老厂的重要历史文化构筑物予以保护。

四、三下云南

1942 年，在对锡矿和铅锌矿勘探基础上，孟宪民带领新成立的云南昆明地质调查组，把目光转向东川等地的铜矿。这是孟宪民第三次下云南。

东川号称天南铜都。东川铜矿是东川市境内铜矿山的总称，矿区划定范围东起小江，西至普渡河，南接雪岭，北至金沙江。东西最宽 32 公里，南北最长 40 公里，面积 660 平方公

云南东川铜矿

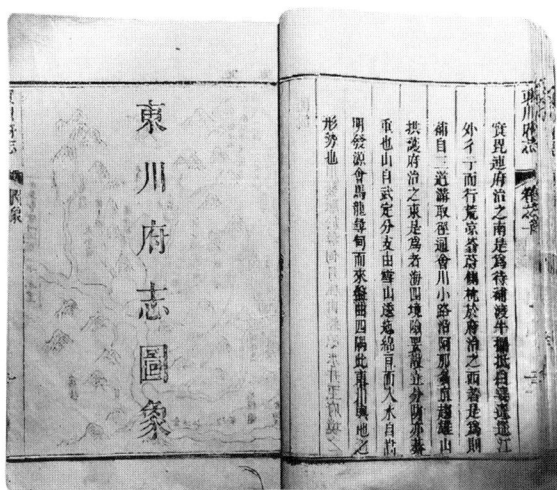

《东川府志图象》书影

里。区内山高谷深,地势陡峭,气候多变,水土流失严重,是省内泥石流、地震等自然灾害的多发地区之一。

据史料记载,东川铜矿一直是我国主要的产铜基地之一,现探明大型铜矿床 2 处,中型铜矿床 5 处;累计探明铜金属储量 400 多万吨。

孟宪民了解到东川铜矿区在大地构造上处于康滇台背斜中段东缘,为一小型块状隆起区,出露了中元古界昆阳群。区内漫长的地质年代里,岩浆活动频繁,主要岩类是辉长—辉绿岩。东川铜矿是"东川式"层控铜矿床的典型代表。铜矿体附存于中元古界昆阳群因民组与落雪组的过渡带间,含矿层位稳定。西部的落因矿带,全长 28 公里;东南部的汤新矿带,断续延长 17 公里。经勘探工程探知,矿体延深已达 500—860 米。除以铜为主的单一矿体外,还有稀矿山型铁铜矿体及

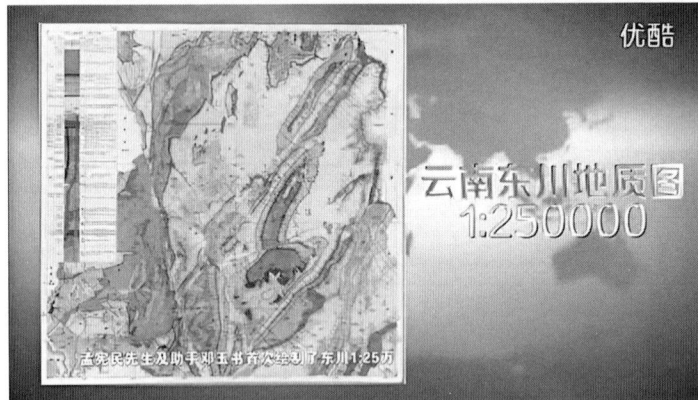

纪录片《东川铜矿形成之谜》

水库山形含钴铜矿体。矿石中的叠层状构造成为东川铜矿石的特色("马尾丝"状铜矿石)。除层状、似层状矿体外,还有切穿层状矿体的富铜矿脉。

东川铜矿的地质调查及开采历史悠久,自清朝末年至1949年中华人民共和国成立前,许多中外地质工作者来东川铜矿区做地质调查和矿产勘探。但以孟宪民为首的调查组勘探最有成效。

云南东川矿区地形险恶，但这些难不倒调查组。在孟宪民主持下，许杰（地层古生物学家、地质学家，1954年担任地质部副部长）、张席禔、王恒升、邓玉书、舒全安、马旭辉等克服千难万险，翻山越岭，从1942年冬到1945年春，一干就是三年，先后完成1：50000东川地区地形地质图，然后进行地层剖面的选定、测绘与填图工作，对含铜的前寒武纪浅变质岩系（昆阳群）首次做了划分对比。他们把该群分为7个单元，自下而上是绿墩板岩、姑庄板岩、因民紫色层、落雪灰岩、桃园板岩、黑山板岩和大风口页岩。他们确定，昆阳群早于南方震旦系，并弄清了铜矿在落雪、因民和汤丹全区

许杰像

邓玉书像

都是呈层状沿因民紫色层与落雪灰岩之间的过渡带产出。

孟宪民等还完成了全区几千平方公里的 1∶250000 地质图和落雪、因民、汤丹矿区 1∶50000—1∶10000 地形地质图及中英文对照说明书。该项成果按层状矿正确估算有 100 万吨铜的远景储量。他们研究的成果也体现在 1948 年孟宪民与许杰、邓玉书、舒全安等联名发表的专著《云南东北部东川地区地质》中。此书内，孟宪民与邓玉书、舒全安负责撰写的"经济地质Ⅰ"内容正是东川最主要的矿区——落雪—因民铜矿与汤丹—白锡腊铜矿。

这些学术成果和地形地质图为中华人民共和国成立后东川铜矿大规模开展勘探工作提供了重要依据。

在此期间，孟宪民与邓玉书、舒全安等将东川的浅变质岩系确定为前震旦系昆阳群，并划分出昆阳群中与铜矿床有关的 3 个岩组，即因民紫色层、落雪灰岩和桃园板岩。这些地层划分至今仍被矿区地质工作者沿用。他还阐明了围岩性质与含矿的关系，为中华人民共和国成立后找铜、铅锌矿提供了极为宝贵的线索。

这些具有前瞻性的勘探与调查，体现了孟宪民精湛的技术水平、细致的分析研判、大胆的尝试创新，这是一位杰出的地质学家留给后人的无穷财富。

多次到云南个旧、东川等地进行地质勘查和研究的孟宪民，著有《云南个旧锡矿地质述略》《中国之锡矿》《云南之锡》《云南矿产种类述略》《云南高原之几种构造现象》《云南个旧锡矿区地质说明》等涉及云南矿产的论著。他为个旧锡矿的探、采、运做了大量工作。他负责开展包括湾子街、耗子庙、花札口、老银厂、黄茅山等矿区在内的老厂矿区勘探工作,这是当时个旧最大的土法开采矿区,锡产量占个旧锡矿总产量一半以上。

对于为云南矿产事业作出巨大贡献的孟宪民,云南人民没有忘记他的功绩,1964 年他被云南省提名,当选为第三届全国人大代表。

五、云南留下了他的足迹

　　时光到了 2011 年，云南省蒙自市文澜镇白路脚村委会发现了一座与孟宪民有关的石桥。

　　当时，云南省蒙自市区到冷泉镇的县乡公路迎来改造提升，公路途经文澜镇白路脚村委会地段。细心的文澜镇领导向市交通局打去电话，反映白路脚村委会吃水坡村那座叫大花桥的公路石桥出现开裂，建议交通局采取工程性措施加以保护，他还给交通局发去了相关图片。

　　该桥位于吃水坡村外约 2 公里的地方。这是一座不起眼的单孔石桥，桥上没有栏杆之类的设施。桥身全部用打凿规整的石头支砌而成。黏合材料是石灰，它在无声地告诉人们使用石灰浆砌墙的方法，已经是年代很久的

云南省蒙自市大花桥 （普文剑摄）

事情了。桥洞翻拱的线条倒是很精细，工匠们的技艺无可挑剔。这一带是酸性红壤，桥洞及周边都带有红壤的标记。驻足细看，在光影的作用下，这个孤单的桥洞也有几分雅致。

在南边桥下正中，上面有一个圆

"资源委员会锡矿工程处"铭文　（普文剑摄）

形带花边图案正中镌刻着"资源委员会锡矿工程处"10个繁体字，字体清晰易辨。桥洞的北面上端，3个略呈方形棱角花边图案的中间，也镌刻着与南面同样的字句，而且笔法相同。

一条普通的路，一座简易的桥，"资源委员会锡矿工程处"这块大招牌怎么和这座小桥联系在一起了？这条路是做什么用的？总让追寻历史的人们浮想联翩……

锡矿工程处（前身为锡矿勘探队）是民国年间国民政府资源委员会下派的地勘专业机构，主任就是孟宪民。

原来，这条路是中央公司（指云南锡业股份有限公司）修的，这条路通往老厂锡矿，有两个作用：一是专门给老厂锡矿运送煤炭等物资的输送线。之所以修成两边镶石头、中间是泥土的简易公路，其实是牛车路，那时没有汽车，物资全靠牛拉马驮。煤炭从蒙自拉来后，白路脚村当时有个转运站，在转运站又装上牛车运输到老厂。二是矿产外运，途经地之一。

大花桥是当年保障物资供应、矿产外运的生命线。

这座桥，就是孟宪民这位大科学家留下的遗迹；这座桥，也是孟宪民三下云南的见证！

第四章
实践者:科学兴国

双贤里

实践出真知，实践长真才。实践是检验真理的唯一标准，实践也是一个人成长进步的必备环节、重要途径。实践使孟宪民增长才干、得到成长、获得认可，从而更好地用科学来兴国。

一、鄂北、长江下游调查地质矿产

1928 年秋天，孟宪民、舒文博、俞建章被中央研究院地质研究所派到鄂北勘查地质矿产。

10 月 28 日，他们抵达襄阳，经隆中、吴家集，到达南漳。

此后，他们分为两队，孟宪民一行前往南漳南部和远安、当阳一带。舒文博和俞建章一行先是在南漳县城附近勘查了一周，之后向南经武安、仙居、临池、南桥和郭家沟，到达荆门。然后两队人马会合，北转经慌忙山、郭刘湾、朱家埠、大鱼口、夫子垭和兴宜城等地抵达鹿门寺。之后他们折向东南，经新街、卧牛山、仙居山、云台观到达京山。最后自京山西北经

过义合和新河,在1929年元旦那天抵达钟祥,最终取道汉江返回。

考察结束后,孟宪民撰写了《湖北南漳当阳远安等县之煤田地质》(1929),舒文博和俞建章合写了《湖北襄阳南漳宜城荆门钟祥京山等县地质》(1929)。李四光审定了他们所写的调查报告,以及采回的标本及鉴定结果后,对他们称赞有加。

1929年至1931年,中央研究院地质研究所的野外工作重点转移到长江下游各省,其中浙江是重点工作地区之一,如孟宪民等对浙江的绍兴、诸暨、萧山、嵊县、青田、昌化等处的地质进行勘查,并对璜山附近铅锌矿的成因进行探究;叶良辅等实地勘探平阳明矾石、青田印章石、浙江省沿海火成岩、东南沿海流纹岩等;谢家荣、计荣森等勘查长兴煤田构造,探讨煤系砂岩中见到的油苗;许杰等在安吉、临安一带发现志留系的存在;而舒文博等则主要勘查杭县、富阳、新登、余杭、临安、於潜、昌化等地。经过孟宪民等各路

孟宪民著《浙江绍兴诸暨萧山嵊县等处地质及璜山附近锌铅矿床之成因》书影

队员的艰辛努力,由此创立了志留系唐家坞砂岩这一岩石地层单位。这是一套由岩性为紫红色中薄层—中厚层岩屑砂岩、粉砂岩、泥质粉砂岩组成的未变质碎屑岩,时代与下扬子地层分区的茅山组相当。唐家坞组产腕足、双壳和腹足类等化石。其岩性特征及沉积构造表明其为滨浅海到潮坪再到潟湖的沉积环境。孟宪民并将浙江第三纪喷出的玄武岩命名为嵊县玄武岩,至今仍被广为沿用。

同时,孟宪民还到安徽芜湖、繁昌、铜陵、宣城等地进行地质矿产勘查,撰写发表了《安徽铜陵县叶山附近之地质概要》《安徽铜陵县铜官山铁矿储量之新估计》《安徽铜陵铜官山磁铁矿床》《安徽宣城县水东附近之逆掩断层》《芜湖繁昌地质矿产简报》等多篇研究报告。

二、滇南勘探银矿

　　滇南民族地区主要包括了云南南部、西南部的傣族土司地区，也包括今红河南岸及文山等地的土司地区。明代前期，缅甸中北部木邦、孟养、八百等土司地区为明朝管辖，直到16世纪中叶，缅甸东吁王朝兴起，部分区域才逐步脱离明朝的控制。

　　这片区域在18世纪时，有很多中外闻名的大银矿，从历史资料来看，部分银矿在明代就已经得到了开采。

茂隆银厂地理位置图

茂隆银厂是一个
富有传奇色彩的银
矿，曾在 18 世纪的中
缅之间扮演了特殊的
角色，使得缅甸东吁
王朝恢复了和清王朝
的朝贡关系。该厂位
于今天云南省临沧市
沧源县与缅甸佤邦南
邓特区交界的地方，
矿区的主体位置炉房
在今缅甸境内。

茂隆银厂具体开
于何时，据清乾隆初

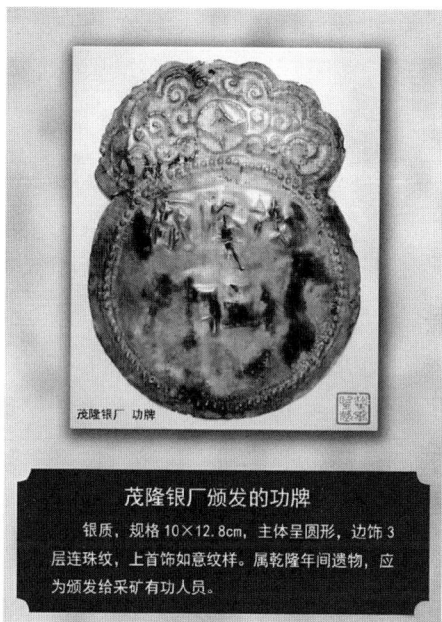

茂隆银厂颁发的功牌

银质，规格 10×12.8cm，主体呈圆形，边饰 3
层连珠纹，上首饰如意纹样。属乾隆年间遗物，应
为颁发给采矿有功人员。

茂隆银厂功牌

年张允随奏称："自前明时开采至今，衰旺不一。"言及在明代
即有开采，但最繁荣的时期应该在 18 世纪，当时人称"外有
募隆，内有乐马，岁出银不赀"。募隆即茂隆。

乾隆八年（1743），石屏吴尚贤同当地彝族酋长峰筑商
定，于茂隆山雇用人夫，聘请技术人员，在这里开办了银厂，
采挖银矿，煎砂炼银。由于储量较为丰富，银质较优，加上经
营得法，管理有方，茂隆银厂逐渐由微到巨，仅两三年的时
间，就成为云南省著名的白银产地。走场贸易者达数万之众。
岁解国库白银 11000 余两。

茂隆银厂在经营管理上有其独特的方法，特别是对银工

的管理,感情色彩比较浓厚。据师范的《滇系·杂载》所记,吴尚贤开茂隆厂,厂例无老幼,俱称兄弟,奖罚分明。

乾隆十五年(1750),吴尚贤说服缅王麻哈祖入贡。第二年,吴尚贤陪同缅王使臣带十头班洪大象进京朝贡。返回昆明时,吴尚贤被云贵总督硕色等罗织"聚集丁壮,滋生事端"等罪名逮捕入狱,惨死狱中。

乾隆四十年(1775)之后,茂隆厂资源日渐减少,乾隆五十年(1785)至五十四年(1789),课银并无分厘报解。嘉庆五年(1800)五月二十四日,协办大学士云贵总督书麟奏报朝廷,"请将茂隆厂准其封闭",茂隆厂从此衰落。

20世纪20年代之后,中国内陆和英国人皆陆续来此勘探。

1939年,二下云南的孟宪民、陈恺等带队调查茂隆银厂的矿产,经勘探,发现遗留的古炉渣总量为117万余吨,含铅金属达42万吨,规模惊人。即使其中只有很少的部分由明代开采冶炼所产生,也足以证明该银厂规模之大。

三、首次提出寻找平桂区
原生脉矿床的意见

1941 年 3 月,孟宪民与吴燕生受平桂矿务局聘请勘察富贺钟一带地质矿产。尔后,孟宪民、吴燕生两人又曾数次到平桂矿区进行考察。

经过地质调查,孟宪民与吴燕生认为平桂地区属广西大"山"字形构造东翼反射弧顶,五岭构造起于北,湘南构造会于西南,岩层褶皱断裂发育。区内原生矿床与姑婆山、花山两大花岗岩体关系密切,砂锡矿床"均由原生矿床崩解而成""溯源求骥,固不难觅得原生矿床",首次提出寻找平桂区原生脉矿床的意见,并拟订了勘探锡、钨、铁等矿床余测制精确地形地质图的工作计划草案,拟由平桂矿务局实施。

1947 年至次年 10 月,孟宪民、马旭辉、舒全安等人再受平桂矿务局聘请,对平头山一带进行地质调查。

平头山位于广西省贺州市钟山县望高镇川岩村北面,为灰岩石山,主峰狮子岭海拔 618 米。

孟宪民等根据调查,完成《广西钟山平头山锡矿地质》报告。其间,谢家荣亦上平头山调查。孟宪民、谢家荣等均认为平头山可能有丰富的脉锡矿床存在。

如今,钟山县已探明矿产资源丰富,矿产品有锡、花岗

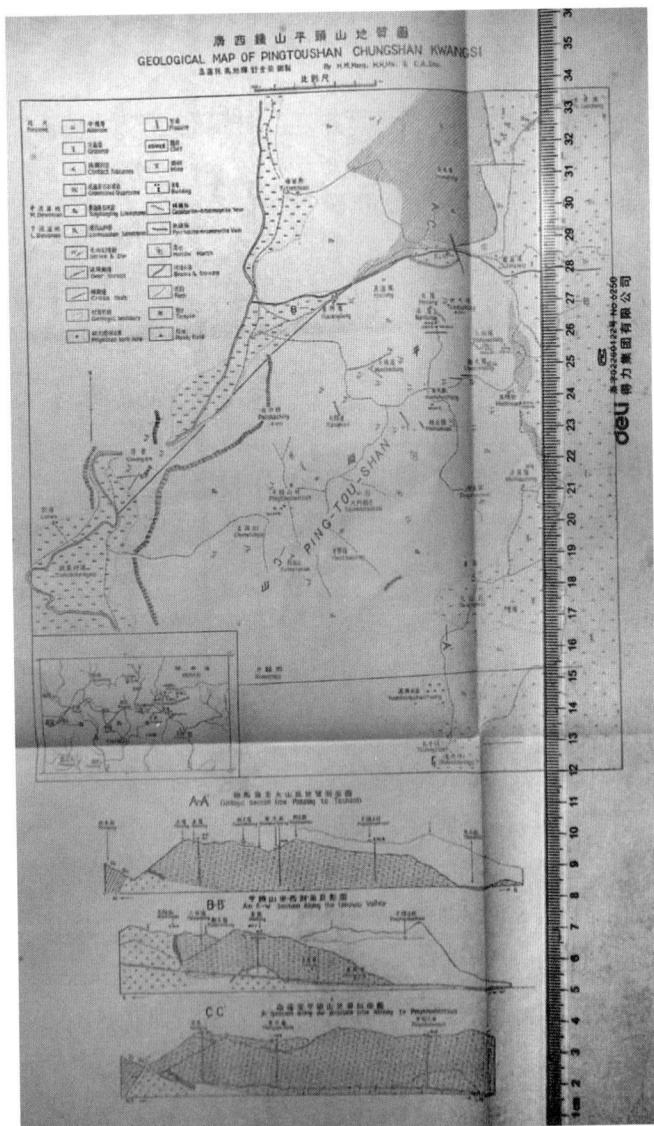

孟宪民等绘制的《广西钟山平头山地质图》

岩、高岭土、稀土、钨、铁等 20 多种。其中,锡矿储量 2.68 万吨,花岗岩储量 6278 万立方米,高岭土储量 180.41 万吨,稀土储量 13.6 万吨（占广西保有资源储量第一位）,钨矿储量 22 万吨(居全国第二位),磷矿储量 27 万吨,锰矿储量 6.8 万吨。矿产资源的基本特点是:钨锡矿资源储量较多;饰面花岗岩、水泥灰岩、稀土矿等资源丰富,为优势矿产;高岭土为高档日用工艺陶瓷原料。

这充分说明孟宪民、谢家荣等具有独特的见解和犀利的眼光。

四、倡导矿物微化学分析鉴定法

抗战期间,孟宪民在云南时,曾应当时云南建设厅厅长缪云台之约前往昆明筹建并负责云南地质调查组工作。

调查组设在昆明小西门外棕树营去马街子途中的一座小庙里。这里是郊区,庙的周围全是森林草地,附近只有一个小小的村落。从棕树营到那里要走 30 分钟左右。小庙门窗破旧不堪,小殿上佛龛里的泥菩萨东倒西歪,

高崇熙像

残破不全,地上放了几张旧桌子就是办公的地方。

这里除孟宪民外,还有一位李姓绘图员。孟宪民当时正集中精力研究矿物的微化分析,西南联合大学化学教授高崇熙(曾任清华大学化学系教授、系主任,兼任北京大学化学系教授)与之合作并提供化学试剂,每隔几天就提着几个小小的玻

璃试瓶来小庙,算是当时那里仅有的一位常客。许杰是该组的兼任研究员,但许杰很少去。当时的教授们生活都很艰苦,裤子上往往是三个大圆补丁(双膝和臀部),跑野外多是穿的草鞋,孟宪民也不例外。

如果说孟宪民在中华人民共和国成立前的成就主要是在个旧锡矿、东川铜矿和矿物的微化学分析三个方面,那么,这里对他来说,倒是一个值得纪念的地方——结束锡矿进军铜矿而且又是微化学分析的发祥地。真可以算得上"庙小神灵大"了。

孟宪民为了推广这种先进方法,特用英文写了一本《矿物鉴定的微化学方法》,于1943年由云南省经济委员会地质组与中央研究院地质研究所联合刊印。该书对矿物微化学分析的一般概念、所用试剂、工具与仪器、化验程序,以及具体的55种元素的化验法,都做了详细的阐述,最后列了一张"各种元素之半微量与微量化学反应之特征现象与灵敏度总表",书后还附有4个图版,共24张素描的反应产物晶形图,更使人易于掌握。

另外,孟宪民在《微量化学的矿物鉴定法》一文绪言中写道——

普通矿物学的课本或讲义均附有吹管分析。根据使用吹管分析与微量分析的比较,后者的准确与敏捷远较前者为优。微量分析,除了需要使用显微镜外,手续极简单便利。其最便利的地方为需要极少量的(有时肉眼都看不出的小量)试料及试药,在十分钟内可得出分析结果。因此特将作者等在多年来的教学及实际经验中所采用的,而且觉得较便易的化学鉴定法介绍给国内作矿物鉴定的工作同志参考,并望提出意见以资改进。

一般微量分析的步骤包括下列几项：

1.将几粒极小的矿物末子(愈细愈好)，用酸溶解；不溶于酸时用溶剂熔融成熔珠(在白金丝上)，然后再溶于酸或水中。

2.取溶液干后的渣滓(以后简称干渣)，使其溶解于适当的溶剂中作为试液。一般均将试液用毛细滴管滴在小玻璃片上(以后均称为试滴)进行试验。

3.加一滴规定的试剂溶液，或一小片规定的固体试剂，于试滴中，使其发生沉淀。

4.在显微镜下观察沉淀的物理特征，普通以其颜色及晶形来表示所鉴定的元素存在与否。

微量分析既然如此便利，尚有若干人以为这种方法需要特殊技术及长期训练，而尤以有时需要用显微镜，更觉得这种方法深妙莫测。因而许多矿物学者及化学分析者竟与这最有价值的鉴定法相疏远。实际上这种分析所需要的设备，除了显微镜外，都很简单，如一套50余种的试药，每种纸要几克，一个临时自制的小酒精灯(用小墨水瓶改做的)，几支毛细管(内径2—3毫米)，数片玻璃片，一根白金丝(0.35毫米直径)，一盒牙签及一些其他附件。

微量分析的发展历史，可说是从1877年就开始萌芽，当薄利奇氏(Boricky)发表一篇短文关于微量化学的矿物与岩石的研究方法，在那时的50年前，植物学家就已经引用特殊的试药在显微镜下进行研究植物的结构。海司丁氏(Hasting)在1866年也含把各种化合物的晶体放在显微镜下观察。虽然薄利奇氏与海司丁氏已经做了些微量化学的初期工作，但实际上这种研究的全面发展是在 1882 年才开始的。这是由于拜命氏（Behrens)将微量化学分析组合成今日的形态。在经过的近 70 年中，这些分析程序大致尚没有若何的更改。这段历史也可以说明微量分析是一个极老的方法，它的主要的分析对象是用在矿物上。它的许多长处是要在实际应用时才可以体会到的。

一个矿物就是在自然界的一个元素或化合物，它有比较简单的和一定的化学成分。除非几种矿物彼此共生非常细致紧密，一般的矿物中的干涉元素都很少，而矿物彼此的分别检出是很容易的。因此在鉴定程序中，用极简单的化学方法分隔后，即直接地进行微量化学鉴定已经够了；不像普通的定性分析那样麻烦，要通过复杂的化学分隔过程与滤清手续为的只是鉴定几种元素。当一矿物已与其他共生矿物鉴别出来，即考察它的物理性质，如颜色、条痕、比重、硬度、结晶形状、光性等以类别其大约为某类矿物。如是再进一步用微量分析来证实一下，它究属于哪一类中某种矿物。因之，微量分析不是拿来孤立地来鉴定矿物，要是那样，就会遭遇很多困难。用微量分析的人必须要具有矿物知识，把矿物的物理性质综合起来决定它的类别，再用微量分析做最后证明，这才可以使微量分析发挥其最大效用。

孟宪民是我国最早运用微化学试验法鉴定矿物的学者。几十年中他一直大力倡导此法，无疑对我国矿物鉴定工作有很大的推动。

五、层控矿床学说的先行者和倡导者

孟宪民在生前虽未使用过"层控矿床"这一名词来表达他的学术思想,但是他根据当时的大量地质资料,研究了我国各时代地层与矿产的关系和成矿作用与沉积旋回的关系。他介绍了世界上一些重要矿产受地层及围岩岩石组合控制的特点。他的"沿地层找矿"的思想,有力地说明了地层对成矿的控制作用。他是我国在"层控矿床"研究方面的一位杰出的、当之无愧的代表和先行者。他的学生舒全安、王可南认为他的学术思想主要有以下几点。

1.某些地区、某些金属矿床常产于某一或某些特定的地层层位里,并与火山活动、沉积建造、沉积旋回、岩相古地理等有密切关系。金属的富集主要是在沉积作用阶段形成的。他把东川地区昆阳群落雪组底部延长 20—30 公里的含矿层视为沉积铜矿层,认为"多数的矿石如同它们的围岩一样是同生的而且是同一来源的"。由于他当时所说的沉积作用包括了同生沉积和成岩作用两个阶段,因此,他的同生沉积的概念,实际上包括"准同生"(即成岩阶段)的含义在内。

2.孟宪民特别强调不整合面对找矿的意义。他认为,不整合面是在一个地质构造旋回中最重要的含矿部位,许多矿床位于不整合面上或其附近。这种情况也适用于东川铜矿床。目前,昆阳群在划分上、下两个亚群以及在两亚群的上、下关系(正层与倒层的层序划分方案)方面虽然尚存在不同意见,但因民组之下存在着不整合面的问题,却是川滇地区多数地质学家所承认的(1959年花友仁提出因民层与下伏姑庄系之间为不整合接触,并命名为东川运动)。当然,最明显的实例莫过于东川矿区的澜泥坪铜矿了。这个中型铜矿产生于震旦系陡山沱组底部的砂、砾岩和白云岩中,它以角度不整合关系直接覆于昆阳群之上,而且在陡山沱组的底砾岩中还发现了昆阳群铜矿的砾石。

3.某些金属矿床形成后(指同生矿床或含矿岩系)经历了各种地质作用,遭受到了不同程度的改造,使原有的矿床产生了强弱不一、规模不等的各种围岩蚀变。可以把这种围岩蚀变比作"纸包油条",但是它与矿床的形成不一定有直接关系。假如:东川铜矿床的主要围岩蚀变——硅化和绢云母化,就与层状铜矿的形成没有多少直接关系。所谓"硅化",实际上是围岩中的硅质,经侧分泌作用形成了石英脉或出现石英交代白云石的现象,而所谓"绢云母化"则不过是围岩中的泥质在区域变质作用下的产物。

4.孟宪民把矿体分为两大类,即"主闩"(层状矿体)与"子闩"(脉状矿体),并认为"子闩"是从"主闩"中派生出来的。这个思想对20世纪60年代初期指导我们研究东川铜矿成因起了很大作用。当时拥护岩浆期后热液成矿的专家,主要是以"子闩"不可能是沉积成因为依据,反驳铜矿床为沉积成因的。但是

经过了大量地质、地球化学资料的分析研究之后，孟宪民的论点终于被证实了。而且应用这种思想也比较容易地解释了存在于汤丹矿床中的所谓"满架葡萄闩"的形成原因。这样，在东川铜矿的研究工作中，过去一向把"子闩"作为导矿构造，作为形成"主闩"的标志依据，现在却被颠倒了过来，即不是先有"子闩"而后有"主闩"，而是先有"主闩"，然后有"子闩"。

此外，孟宪民教授对长江中、下游一带沿泥盆系、石炭系界面寻找铜矿以及对一些中酸性火成岩"有顶有底"的看法，也都有其独到之处。

孟宪民在野外进行地质调查

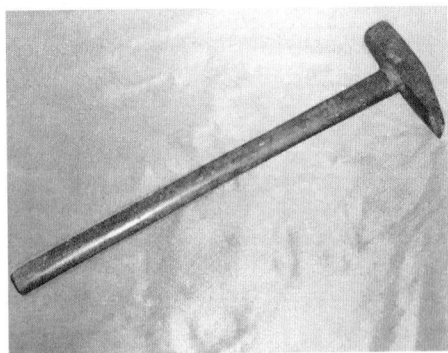

孟宪民野外勘探用的榔头

六、弃选中央研究院院士

中央研究院简称"中研院",是中华民国时期学术研究最高机关。

1927年4月17日,中国国民党中央政治会议第七十四次会议在首都南京举行,李石曾提出设立中央研究院案,决议推李石曾、蔡元培、张静江共同起草中研院组织法。同年5月9日中央政治会议第九十次会议议决设立中研院筹备处,并推定蔡元培、李煜瀛、张静江、褚民谊、许崇清、金湘帆为筹备委员。

7月4日《中华民国大学院组织条例》公布,改列筹设中的中央研究院为中华民国大学院的附属机关之一。10月,大学院成立。11月9日《中央研究院组织法》公布,明定"国立中央研究院直隶于国民政府,为中华民国最高学术研究机关",设立物理、化学、工程、地质、天文、气象、历史语言、国文学、考古学、心理学、教育、社会科学、动物、植物14个研究所。

11月20日,大学院院长蔡元培聘请王季同、张乃燕、杨杏佛等30位学术界人士,召开中央研究院筹备会及各专门委员会联合成立大会,讨论组织大纲及筹备会进行方法。议决先筹设备研究单位,设有理化实业研究所、地质调查所、社

会科学研究所、观象台 4 个研究机构，并推定各所常务筹备委员，积极展开筹备工作，并通过《中华民国大学院中央研究院组织条例》。

1928 年 4 月 10 日，颁布《修正国立中央研究院组织条例》，宗旨为"实行科学研究，并指导、联络、奖励全国研究事业，以谋科学之进步，人类之光明"。

研究范围包括数学、天文学与气象学、物理学、化学、地质与地理学、生物科学、人类学与考古学、社会科学、工程学、农林学、医学 11 组科学。条例还对组织、基金、名誉会员等作了规定。中央研究院改为不属于大学院的独立机关。

4 月 20 日，国民政府委员会第五十六次会议任命蔡元培为院长。4 月 23 日，蔡元培正式担任院长。

6 月 9 日，中央研究院第一次院务会议在上海东亚酒楼召开，蔡元培主持宣告该机构正式成立。创办中央研究院的主要成员是中国科学社社员，中央研究院成立后接收了中国科学社在国际上作为中国科学界官方代表的地位。11 月，国民政府公布《国立中央研究院组织法》11 条规定，中央研究院直隶国民政府，为全国最高学术研究机关。主要职责为实行科学研究，指导、联络、奖励学术研究。行政管理机构总办事处设在南京，由两个组（秘书组、总务组）、三个室（会计室、统计室、诊疗室）组成；在上海设立办事处。

在首任院长蔡元培任内，中央研究院陆续在南京、上海等地设立 10 个研究所，系由理化实业、社会科学、历史语言 3 个研究所，以及地质调查所、观象台与自然历史博物馆演展而来。抗战期间中央研究院西迁湖南、广西、云南、四川时,设过长沙工作站及南岳分站,在桂林、昆明、重庆设过办事处或总办事处,各研究所分设于重庆、北碚、李庄、昆明四区,抗战胜利后方复还宁、沪。

1940年3月5日蔡元培去世,9月18日蒋介石颁令朱家骅代理院长。

1947年起,中央研究院进行了第一届院士推选。

1947年5月9日,在第一次院士选举筹备委员会第一次会议上,正式决定推荐院士候选人。

根据《国立中央研究院组织法》规定,院士在全国学术界成绩卓著之人士中选举,具备下列资格之一,得选为院士:对于所专习之学术,有特殊著作、发明或贡献者;对于所专习学术之机关,领导或主持在5年以上,成绩卓著者。

候选人的产生,需要先由各大学、各独立学院、各组有成绩之专门学会或研究机关,以及评议员(须5人以上)提名,然后再由评议会决定候选人。最后,候选人名单须提前公告,届时再正式进行选举。

中央研究院院士的职权主要有四项:(一)选举院士、名誉院士;(二)选举评议员;(三)议订国家学术方针;(四)受政府委托,办理学术设计、调查、审查及研究事项。

6月10日,在第一次院士选举筹备委员会第二次会议上,地质组具备院士资格的候选人有14位,分别为孟宪民、翁文灏、朱家骅、章鸿钊、李四光、杨钟健、斯行健、谢家荣、黄汲清、孙云铸、尹赞勋、王竹泉、孙健初、南延宗。孟宪民榜上有名。

10 月 15 日至 17 日举行中央研究院评议会第二届第四次年会,正式确定并于 11 月 15 日正式发布的院士候选人名单中地质组的候选人有 12 位,分别为(按姓氏笔画为序)尹

刊登于《新闻报》上的中央研究院首届院士候选人名单

赞勋、王竹泉、朱家骅、李四光、李善邦、孟宪民、俞建章、孙云铸、翁文灏、黄汲清、杨钟健、谢家荣。孟宪民依然榜上有名。

彼时,民国学界"留学集团"互相之间的矛盾很深,举报信满天飞,引出种种人事纷争,并因之而对学术的发展造成了不可言说的伤害。得知进入候选人名单的孟宪民主动放弃评选。他说,我要把精力放在学术研究上,不要为了荣耀耽搁地质工作。

中央研究院是当时中国的最高学术机构,所以汇集了在文、理、工、医等各学科方向能够独当一面的卓越人才。中央研究院于 1928 年成立,然而直到 1948 年 3 月,才正式选出首届院士,共 81 人。其中,常州籍就占 6 位,包括吴敬恒、赵元任、张景钺、李宗恩、华罗庚和吴定良。

由于孟宪民弃选,很遗憾,常州籍中央研究院院士因此少了 1 人,但我们仍然要为孟宪民执着于科学,不屑于纷争的高风亮节点赞。

七、出任清华大学地学系教授

孟宪民既不关心仕途,也不爱慕虚荣,他感兴趣的是科学兴国,因此短暂担任国民政府经济部资源委员会锡矿工程处主任职务后,便于1946年携家从重庆到北平(今北京),出任刚复校的清华大学地学系教授,讲授矿物学、矿物鉴定和矿床学等课程。

清华大学是孟宪民的母校,1929年成立了地理学系。1933年地理学系易名为地学系,下设地理、地质、气象3个专业。1945年抗战胜利后,西南联大解散,1946年清华大学在北平原址复校,并设有文、法、理、工、农5个学院,26个系,其中包括地学系。地学系属于清华的理学院,下设3个组:地质组、地理组、气象组。该系首任系主任是翁文灏(兼任中央地质调查所所长)。1933年袁复礼教授参加和组织的中瑞中国西北科学考察胜利归来成绩卓著,由翁文灏推荐被任命清华大学教授兼地学系(1950年改为地质系)主任一直到1952年全国高等学校院系调整。

这里的教授好多都是孟宪民的好友、同事,可谓群星璀璨。大家在一起教书育人、切磋学术、出版著作,学术氛围浓厚,思想交流活跃。

现根据 1948 年清华大学校务委员会主任叶企荪、北平地质调查所所长高平与清华大学地学系教师合影的照片（见彩页），可以了解到当时该系主要有孟宪民及以下几位教授：

叶企荪（1898—1977），上海人，美国哈佛大学哲学博士。著名物理学家，清华大学物理系主任、理学院院长，中央研究院院士（1948），中国科学院学部委员（1955）。时任清华大学校务委员会主任。

高平（1909—1985），浙江杭州人，北京大学地质系毕业。江西地质调查所所长（1937—1944），贵州工学院副院长（1981—1985），贵州省科学院副院长。时任北平地质调查所所长。

袁复礼（1893—1987），河北徐水人，美国哥伦比亚大学地质学硕士。著名地质、地貌和地质教育家，中国地质学会创始人之一。时任清华大学地学系主任。

孙云铸（1895—1979），江苏高邮人，德国哈勒大学哲学博士。中国科学院学部委员（1955），著名古生物学家，中国古生物学会理事长，国际古生物学会副理事长。时任北京大学地质系主任。

冯景兰（1895—1976），河南唐河人，美国哥伦比亚大学地质学硕士。中国科学院学部委员（1957），著名地质、矿床和地貌学家。其兄是著名哲学家冯友兰。

张席禔（1898—1966），河北定县人，奥地利维也纳大学哲学博士。著名古脊椎动物学家、化石功能形态专家、北京地质学院副院长。

　　王炳章（1899—1970），河北深泽人，北京大学地质系毕业。著名地质、矿物学家，北京地质学院博物馆馆长、图书馆馆长。

　　杨遵仪（1908—2009），广东揭阳人，美国耶鲁大学哲学博士。中国科学院学部委员（1980），著名古生物、地质教育家，两广地质调查所所长，国际地质对比计划委员会（IGCP）中方负责人。

　　徐仁（1910—1992），安徽芜湖人，清华大学地学系毕业。中国科学院学部委员（1980），著名古生物、孢粉学家，中国孢粉学会理事长，北京自然博物馆副馆长。

　　苏良赫（1914—2007），天津人，英国剑桥大学哲学博士。著名地质、岩石和工艺岩石学家，中国硅酸瘟专业委员会主任，中国地质大学博物馆馆长。

　　中华人民共和国成立初期，孟宪民、袁复礼、冯景兰、张席褆4位教授被称为清华地学系"四老"，受到了学生们的敬重。

　　1952年，全国高校院系调整，北京大学、清华大学、天津大学和唐山工学院的地质系合并成为北京地质学院，孟宪民才离开清华大学，去地质部任职。

第五章
奋进者:迎来新生

西公廨

1949 年 10 月 1 日，随着阵阵礼炮的响起与冉冉升起的五星红旗，一个崭新的时代揭开了序幕，一个奋进的时代到来了。正如作家胡风写的那样："毛泽东，他向时间发出了命令：进军！"此时此刻的孟宪民，也迎来了他的新生。

一、新中国的号角

1949 年，解放战争进入决胜时期。

1 月 31 日，北平和平解放。

4 月 20 日，百万雄师横渡长江。

4 月 23 日，南京解放。国民党 22 年的腐朽统治在冲锋号角声中，彻底成为历史。

当时在北平清华大学、北京大学的许多专家，选择留在大陆，孟宪民就是其中一员。他们早已厌倦了国民党的腐败与专权，对于新中国的明天充满着信心与向往。

10月1日，星期六，农历乙丑年八月初十。

北京。微风。阴间多云转晴。

这一天，一个旧政权在哀叹里覆灭；这一天，一个新中国在欢呼中诞生。迎着东方黎明的曙光，中华民族获得新生。

当毛泽东主席在天安门城楼庄严地宣告："中华人民共和国中央人民政府今天成立了！"通过无线电波传遍大江南北，坐在收音机前的孟宪民激动得眼泪纵横，他清晰地意识到：新时代终于来了！

1950年5月6日，自1948年出席第18届国际地质学会大会后就留居英国的地质学家李四光辗转回到北京，接受周恩来总理的安排，出任中国科学院副院长。

当时正值中华人民共和国成立初期，百废待兴，大规模的经济建设急需各种被誉为"工业粮食"的矿产资源。由于矿产资源的家底不清，国家经济建设处于等米下锅状态。而地质找矿则需要组建一支由专业地质人员组成的队伍。如此一来，我国需要一个专门的机构来统领全国的地质工作。

周恩来总理把组织全国地质工作者的任务交托给李四光。

众所周知，旧中国有3个全国性的地质机构——中央地质调查所、中央研究院地质研究所、矿产测勘处，都设在南京。

李四光了解到，南京解放时这些机构的工作人员很多都留了下来，3个单位的图书资料、仪器设备也基本保存下来了。他十分高兴，开始考虑如何把全国的地质工作者组织起来。

李四光在地质部大门口

然而，实际情况并没有李四光想象得那么乐观。

当时，我国地质工作基础极其薄弱，旧中国遗留下来的地质专家只有 200 多人，遗留下来的钻机只有 8 部，直到 1952 年 6 月底，全国才有 40 部钻机。

在调查并广泛征求地质工作者的意见之后，李四光提出了建立"一会、二所、一局"的方案。"一会"即地质工作计划调配委员会；"二所"是中国科学院地质研究所和古生物研究所；"一局"即财政经济委员会矿产地质勘探局。

这个方案很快得到中央人民政府政务院的批准。1950 年 8 月 25 日，地质工作计划调配委员会改为"全国地质工作计划指导委员会"，李四光任主任委员，孟宪民等 16 人为委员。下属的矿产地质勘探局也于 9 月 8 日批准设立。

全国的地质工作者组织起来后，我国的地质工作和地质研究工作出现了新的局面，但是中央很快发现，"一会、二所、一局"这种组织形式还是不能适应经济建设的需要，这是因为我国发展国民经济的第一个五年计划将从 1953 年开始实

行,但中央在制订第一个五年计划时发现,很多想上的项目上不了,原因就在于地质情况不明、矿产资源的"家底"不清,拖了后腿。

因此,1952年8月7日,中央人民政府委员会第十七次会议通过"关于调整中央人民政府机构的决议",决定成立中央人民政府地质部,部址选定为前中央地质调查所旧址——北京市西城区兵马司胡同九号,并任命李四光为部长,何长工、刘杰、宋应为副部长。

毛泽东主席曾对地质工作作出重要指示:"地质部是党的地质调查研究工作部。"

那个时候,毛泽东、周恩来都十分重视地质找矿的进展,

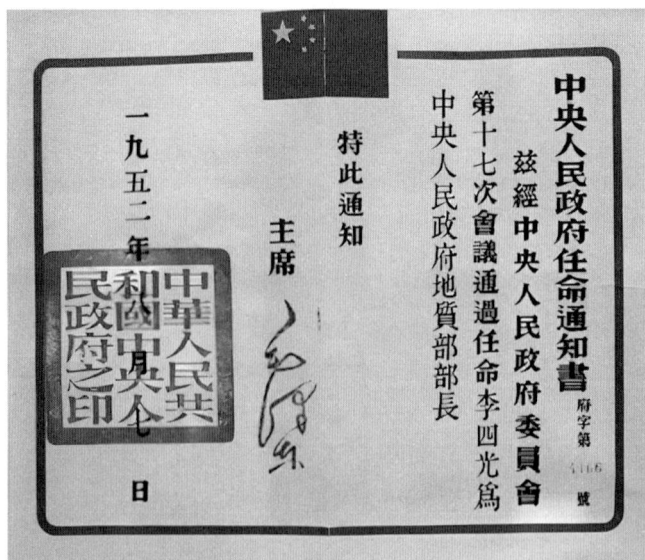

李四光担任地质部部长的任命通知书

多次垂询李四光和何长工等,并要求地质部党组切实加强地质工作,有关矿产资源情况要每周向中央主要领导报告。

此时此刻,李四光一直没有忘记那位拼命三郎。孟宪民在担任清华大学地学系教授 6 年后,1952 年,经李四光提名推荐,孟宪民参与了地质部的筹建,并调到地质部初任地矿组(即后来的地质矿产司)组长,不久正式任地质矿产司副司长。

二、声援抗美援朝

声援抗美援朝

20世纪50年代,世界风云变幻无穷。

1950年6月25日,朝鲜人民军南进作战,朝鲜战争一触即发。韩国军队在朝鲜的强大攻势下,节节败退。朝鲜人民军28日即攻占韩国的政治中心汉城。

美国为维护其在亚洲的领导地位和利益,立即出兵干涉。

6月26日，美国总统杜鲁门命令驻日本的美国远东空军协助韩国作战，6月27日，再度命令美国第七舰队驶入中国台湾的基隆、高雄两个港口，在台湾海峡巡逻，阻止中国人民解放军渡海统一台湾。美国驻联合国代表向安理会提交了议案，授权组成"联合国军"帮助韩国抵抗朝鲜军队的进攻。在苏联代表因抗议联合国拒绝接纳中华人民共和国为新成员国而自1950年1月起缺席的情况下，安理会动议以13对1的表决结果通过了美国提案，要求各会员国在军事上给韩国以"必要的援助"。"联合国军"以美军为主导，其他15个国家也派小部分军队参战。7月5日美军参加了第一场对朝鲜的战役。

朝鲜人民军开始节节胜利，先后发动了汉城战役、铁原战役、大田战役和洛东江战役，占领了韩国90%的地区和92%的人口，把韩、美军压缩到洛东江以东约一万平方公里的大丘、釜山间的狭小地区。8月31日，又发动了釜山战役，先遣部队打到了北纬35度线上，但是此后战局在美军介入下，发生重大变化。

1950年6月28日，毛泽东主席在中央人民政府第八次会议上发表讲话，号召"全国和全世界的人民团结起来，进行充分的准备，打败美帝国主义的任何挑衅"。同日，周恩来总理代表中国政府发表声明，强烈谴责美国侵略朝鲜、中国台湾及干涉亚洲事务的罪行。号召"全世界一切爱好和平正义和自由的人类，尤其是东方各被压迫民族和人民，一致奋起，制止美国帝国主义在东方的新侵略"。7月6日，周恩来总理再次发表声明，指出联合国安理会6月27日关于朝鲜问题的决议为非

法,中国人民坚决反对。

7月10日,中国人民反对美国侵略中国台湾、朝鲜运动委员会在北京成立,并在14日发出《关于举行"反对美国侵略台湾、朝鲜运动周"的通知》。抗美援朝运动波及全国,形成第一个高潮。中央军事委员会根据毛泽东主席的提议,于7月13日作出《关于保卫东北边防的决定》,抽调第13兵团及其他部队共25.5万余人,组成东北边防军。后又调第9、第19兵团作为二线部队,分别集结于靠近津浦、陇海两条铁路线的机动地区。

9月15日,美军第10军于朝鲜半岛南部西海岸仁川登陆,朝鲜人民军腹背受敌,损失严重,转入战略后退。

9月30日,周恩来总理发表讲话,警告美国:"中国人民决不能容忍外国的侵略,也不能听任帝国主义者对自己的邻人肆行侵略而置之不理。"但是麦克阿瑟认定中国不敢出兵与美国对抗,所以美国不顾中国政府的多次警告。

10月1日,美军越过北纬38度线(即三八线),19日占领平壤,企图迅速占领整个朝鲜,并公然声称:"在历史上,鸭绿江并不是中朝两国截然划分的、不可逾越的障碍。"同时,美国飞机多次侵入中国领空,轰炸丹东地区,将战火烧到鸭绿江边,威胁中国安全。

10月8日,朝鲜政府请求中国出兵援助。中国应朝鲜政府的请求,作出"抗美援朝、保家卫国"的决策,迅速组成中国人民志愿军,于10月入朝参战。

孟宪民积极声援抗美援朝,参加了清华大学师生声援游行，在演讲会上，他慷慨激昂地讲道："我们中国人民在目前的国际形势下只有一条道路可走，那就是坚决地抗美援朝。我们根据历史的事实来看：从鸦片战争、甲午之战……然而因为中国人民得到了共产党的领导，终于把美帝及其走狗蒋匪帮驱逐出中国大陆。现在美帝不甘认败，又疯狂地在朝鲜发动了侵略战争，完全走日帝的旧路，明目张胆地威胁我国国防。我们中国人民决不能置之不理，应誓与这恶魔作最坚决的斗争。"

这次演讲产生了巨大影响，直到2017年，部编新教材单元测验（八年级历史），还收入了孟宪民的这段讲话。

孟宪民还以实际行动支持抗美援朝。

根据《苏联支援朝鲜弹药抗美条约》，当时，我们国家中心任务是抗美援朝，苏联帮助朝鲜打仗。苏联给了朝鲜一些武器弹药，但苏联是要朝鲜算账还钱的，朝鲜处在战争环境，生产停顿，根本不能还账，我国政务院就要求由有色金属工业局帮助还账，除用一部分农产品外（但农产品值钱不多），其中主要是用有色金属工业局生产的钨、锑、锡、钼矿砂来还账。

特别在苏联和东欧国家，锡的资源很少，甚至没生产，世界产锡的国家马来西亚与新加坡，这些锡的生产几乎全部由英美垄断，不卖给苏联。

我国在分配锡的产品时，苏联和捷克几乎闹得不可开交，捷克说苏联要得太多，发生争论时，周恩来总理帮助他们做了调解。会后，周恩来总理委托李富春副总理多抓一下锡的生产，并委派时任重工业部代部长何长工、有色金属工业局局长王逸

群去云南个旧调查一下锡增产的可能性。

何长工、王逸群找到老地质专家谭锡畴，谭锡畴对云南个旧锡矿产资源很悲观，认为个旧矿产资源在国民党时期已挖了几十年，基本挖完，不可能增产。

云南锡业公司徽章

何长工、王逸群随后到个旧现场做调查，找到一些工人和一部分小业主进行座谈。参加座谈会的小业主和工人认为锡矿产量不会太大，但还有点希望。一部分小业主提出稍增加一点价格还能增产，一部分工人要求给他们改善一点待遇。何长工、王逸群讲在国民党统治时期工人所受的痛苦，启发他们的阶级觉悟，当时解决了这两部分人的一些要求，增加了一小部分锡的产量。

后来何长工、王逸群回到北京，又找了一些专家座谈，向他们做调查，其中孟宪民的看法与谭锡畴完全相反，孟宪民说增产是完全可能的，他说老厂矿开采洞里那里还有希望找到锡矿，就在洞里布置些浅钻，找到些矿石。

另外孟宪民谈到马拉格（新矿）过去开采还很少，他讲过去国民党时期几十年开采的富矿较多，就是老厂开过的尾矿品位还有千分之六到千分之八，可以继续搞些手工业选矿填

埋洞外的地面上挖出的这些尾碴。

孟宪民的一席话,鼓舞了士气,增强了信心。

1952年到1958年的锡矿生产每年都增加,从中华人民共和国成立前的几千吨增至一万多吨。不光是锡,包括钨、锑、钼等资源都是超额完成任务,并提前帮助朝鲜还了苏联的账,支援抗美援朝。

孟宪民为抗美援朝最终取得胜利,作出了贡献。

三、参加知识分子思想改造运动

　　孟宪民从内心拥护中国共产党，拥护以毛泽东主席为首的党中央，他经历了旧社会外敌入侵和内战混乱的困境，在迎来民族解放和国家独立后，对新中国寄予厚望，因此积极参加中华人民共和国成立初期的知识分子思想改造运动，努力学习，改造自我。

1951 年《人民日报》关于开展学习运动改造思想的报道

这场运动从 1951 年 9 月开始,到 1952 年秋结束,历时一年。

当时,从旧社会过来的知识分子占当时知识分子的大多数,他们中的绝大多数受过三座大山的压迫,有不同程度的革命性,但由于刚从旧社会进入新社会不久,资本主义、封建主义思想在知识分子中还有很大影响,许多人对党的政策、对新的社会事物不了解、不熟悉,大多有重新学习的愿望。

北京大学汤用彤、张景钺、张龙翔等 12 位教授,响应周恩来总理的号召,发起北大教员政治学习运动,请校长马寅初致信周恩来总理,热忱邀请毛泽东主席等中央领导人为北大政治学习运动的教师。

党中央十分赞赏和支持这种主动要求学习的运动,决定把学习运动扩大到北京、天津所有高校。

1951 年 9 月 29 日,周恩来总理向参加北京、天津高等院校教师学习会的 3000 余名教师作了《关于知识分子的改造问题》报告。在报告中,他结合自己参加革命的经历和思想改造的体会,着重阐明了知识分子进行思想改造的必要性。随后,包括孟宪民任教单位清华大学在内的 20 所京津高校开展了以学习马克思列宁主义、毛泽东思想为主要内容,联系本人思想和学校实际,肃清封建买办思想,批评资产阶级和小资产阶级思想的学习运动。

10 月 23 日,毛泽东主席在全国政协一届三次会议上赞扬文化教育战线和知识分子的自我教育和自我改造运动是我国值得庆贺的新气象,指出各种知识分子的思想改造,是

我国在各方面彻底实现民主改革和逐步实行工业化的重要条件之一。

11月30日，中共中央发出指示，要求有计划、有领导、有步骤地在大中小学的教职员和高中以上学生中，普遍进行初步的思想改造工作，从而在整个教育系统展开了思想改造学习运动。

1952年1月5日，政协全国委员会常务委员会作出《关于开展各界人士思想改造的学习运动的决定》，号召各民主党派、各级政府机关、各人民团体以及宗教界积极参加思想改造学习运动。

6月，第三次全国统战工作会议讨论通过《关于继续加强各界民主人士思想改造的学习运动的意见》，经中央批准下发。文件针对学习运动中有的机械照搬只适用党内干部的要求和学习方式，如主观地用工人阶级思想作尺度来改造他们，或不适当地进行严格的批评和自我批评等错误认识，对民主党派和无党派民主人士、政府和企业机关中的专家、工商界人士、宗教界人士等不同界别人士的思想改造分类提出了具体要求和教育内容，以及学习方式等，推进了包括各界民主人士在内的全国规模的知识分子思想改造学习运动的健康发展。

孟宪民积极投入思想改造，不断认真学习毛泽东著作和其他政治书籍，思想得到升华，而且在学习中能深入挖掘、坦率暴露思想、勇于暴露思想、敢于暴露思想，受到党组织欢迎。作为典型之一，在清华大学师生大会上介绍改造经验。

他在大会上说道："刚解放时，我看到费孝通教授等人在工作、政治上十分活跃，就问张席褆先生，他们如此积极，万一国民党回来了怎么办？张先生即回答说，国民党是不会再回来了，今后我们国家会走向富强繁荣，大家应当积极努力。"

他的发言受到与会全体师生员工的热烈鼓掌欢迎，其中著名物理学家余瑞璜教授激动地从听众席上站起来，振臂高呼："欢迎孟宪民同志交流改造经验！向孟宪民同志学习！"

孟宪民泪盈满眶，说道："我在旧社会摸索了二十多年，想的是'科学兴国''教育救国'，可总是走不通。到了今天，我才意识到，只有共产党、只有马克思主义，才能使中国强大起来，才能让老百姓过上好日子。谢谢大家对我的帮助，帮我改造了旧思想，让我迎来了思想上的新生！"

四、向科学进军的日子

1951年5月7日,全国地质工作计划指导委员会所属的矿产地质勘探局也与地质研究所和古生物研究所同日成立。根据档案Z377—13—16,矿产地质勘探局刚成立时的编制草案包括局长1人(谭锡畴)、副局长3人(孟宪民、侯德封、喻德渊)。

1952年8月10日,地质部正式成立,孟宪民调到地质部工作,担任了一系列重要职务。

从1952年到1955年,在这三年里,孟宪民发表了一系列论文和会议报告,如《对有色金属矿床生成规律的体会》《中国铜矿分布的情况及其勘探方向》《中国铅锌矿床已知的地质情况及其远景》等,对中华人民共和国成立之初的有色金属找矿勘探和地质科研事业起到了重要的指导作用。

与此同时,当时的东川矿务局对汤丹铜矿是否上马一直争议不断。为了解决当务之急,孟宪民于1952年与重工业部有色金属工业局局长王逸群、副局长李华等再赴东川铜矿勘查,从而揭开了1953—1955年东川矿区大规模勘探的序幕。在这几年里,孟宪民深入一线,风餐露宿,废寝忘食,为地质事业奉献了人生最美好的时光!

1963年秋,孟宪民第三次到东川铜矿,除进一步研究铜矿外,还探讨了该区岩浆岩中有无铌、钽矿化之可能性的问题。

孟宪民经多次反复对东川铜矿的考察研究,终于解决了东川铜矿之成因与找矿预测问题。前人对于东川铜矿成因大都认为是岩浆热液型。孟宪民根据自己大量野外实践和研究工作,在20世纪50年代初已认识到东川铜矿属层状和似层状铜矿。50年代末,他更进一步怀疑热液成矿论,1962年,他终于提出东川铜矿属沉积成因的见解。在他的启发下,东川矿区的地质人员从地层、岩性、岩相古地理、矿体形态、产状、矿石结构构造、藻类化石(叠层石)等多方面进行了研究。特别在地球化学方面,从常量元素、微量元素和同位素资料等进行综合研究,否定了铜矿床与二叠纪辉长岩和前震旦纪辉长辉绿岩之间的矿源关系,从而基本上结束了关于东川

1956年,孟宪民在云南昆明大观楼

铜矿床属岩浆期后热液成因的争论，东川铜矿是同生沉积的层控矿床的观点终于确立下来。弄清了成因才有利于预测。当孟宪民发现脉状矿体是沿一定层位分布时，就沿层位布置钻孔，追索主要层状矿体，果然达到预期的目的。

中华人民共和国刚成立，国家急需铌。铌是一种十分重要的金属元素，在超导体、高温合金、化学催化剂、核反应堆材料、电子器件和钢铁冶金等领域都有广泛的应用。1956年，已经升任地质部矿物原料研究所副所长的孟宪民根据我国广东沿海地带燕山期花岗岩发育、

铌矿石

多产砂锡矿及滨海砂矿等特点，认为那里是找寻含铌花岗岩的有利地区，并派出丁孝石、高纪生、陈德潜、孙鲁仁、陈学正等人到当地调查，找到了含铌铁矿的花岗岩风化壳。经地质队勘探后，向国家提交了第一个含铌钽铁矿花岗岩型矿床的储量报告，并很快建厂投产，满足了国家当时对铌资源的急需。此后，地质队根据这一经验，在华南各省也相继找到了各种稀有金属花岗岩型矿体。

其间，孟宪民还建议在内蒙古白云鄂博开展稀有金属找矿工作，他鼓励大家说："白云鄂博矿产资源的综合评价，是国

家的重点任务,大家共同努力,深入钻研,都会作出成绩的。"他同时主持了若干次全国性稀有金属矿产专业学术交流会议。1962 年,他参加了由国家科委主持召开的关于编制国家科技发展长远规划会议,通过规划极大地缓解了我国在稀有金属和分散元素矿产资源方面的急需状况。

早在 20 世纪 50 年代初,孟宪民已经非常清楚地认识到稀有元素矿产资源对我国未来国防尖端科学技术发展的重要性。对于一个刚刚站立起来的大国,拥有充足的稀有元素矿产资源,无疑是将未来牢牢地掌握在中国人民手中。

遗憾的是,当时国内稀有元素矿产地质工作处于空白状态,但时间不等人,稍纵即逝将谬之千里。此时中苏关系较为紧密,无数科研单位拥有了赴苏学习的机会。于是时任矿物原料研究所副所长的孟宪民和所领导集体研究,把很多优秀青年员工派往苏联进修考察,为开展我国稀有元素找矿和研究,做了人员、技术、资料等方面的准备。

五、当选中国科学院首批
学部委员（院士）

中国科学院成立于 1949 年 9 月，为中国自然科学最高学术机构、科学技术最高咨询机构、自然科学与高技术综合研究发展中心。

1949 年 6 月，中共中央决定由陆定一负责筹备建立中国科学院，常州人恽子强和丁瓒协助，钱三强和黄宗甄参与。

9 月 27 日，中国科学院成立，为政务院下设单位，行使管理全国科学研究事业的政府行政职能。

10 月 19 日，中央人民政府委员会任命郭沫若为第一任院长，李四光、陶孟和、竺可桢、吴有训等陆续为副院长。

11 月 1 日，中国科学院在北京开始办公，并将当日定为中国科学院成立日。

中国科学院的领导体制，主要包括以院党组为核心的党的领导系统，以及从院长副院长、正副秘书长、各局局长到各研究所所长副所长等组成的行政领导系统。作为一个学术机构，中国科学院还有自己的学术组织与领导系统，但这个系统最不确定，变化最多，最能体现中国科学院的体制特色。中国科学院学部一度就是中国科学院的学术领导系统。

中国科学院派出代表团到苏联考察学习，在借鉴学习的基础上,中国科学院党组提出建立学部以加强全院学术领导的构想,按专业成立学部,各学部的学部委员(1993年起改称院士)由选举产生。

于是,中国科学院于1954年初着手建立4个学部,即物理学数学化学部、生物学地学部、技术科学部和哲学社会科学部(当时未设中国社会科学院),各学部聘任若干学部委员,承担本学部及所属研究所的学术领导工作。1954年1月30日,院务常务会议通过了学部领导名单,郭沫若院长和竺可桢、吴有训副院长等出任学部主任。钱三强领导新成立的院务会议秘书处(后改为学术秘书处),承担选聘学部委员的具体工作。中国科学院党组全面领导学部委员的选聘工作。学部委员名单初步确定后,经过院党组会议、院务常务会议的反复讨论,再上报中央审查批准。

首批学部委员的遴选是分学部进行的。其中,物理学数学化学部、生物学地学部、技术科学部3个学部的学部委员的候选人提名,分为地学、动植物学、医学和基础医学、农林、矿冶、化学及化工、土木建筑(包括大地测量)及水利、机械、电机、数学及力学、物理学共11组学科,通过本学科全国副教授以上职称的专家推荐。

1954年7月初,以郭沫若院长名义向国内专家发出645封信,请他们推荐学部委员人选。至11月,收回527封,共提名665人。

11月经院务常务会议讨论,院党组呈报了177人的初步名单。从1954年底到1955年初,在征求和吸收各有关部委

和省市等方面意见过程中,学部委员的名单不断变动。这一过程,主要包括对被推荐人的政治历史问题审查和学术方面的征求意见。有的人几上几下,工作是很细致审慎的。

孟宪民是国民政府时期中央研究院地质研究所首批研究员、清华大学地学系最早的一批教授、新中国地质部筹建人之一,资历阅历丰富,因此他毫无争议被列入了学部委员候选人名单,孟宪民得知后,主动推辞,表示要把机会让给年轻人。当然,他的好多学生,如徐祖耀、裴荣富、常印佛、黄劭显、郑绵平、刘宝珺等后来也被陆续评为中国科学院或中国工程院院士。这是后话。从这件事上可以看出,孟宪民的谦虚性和前瞻性。

到1955年5月15日,院党组最后向国务院报送了235人的学部委员名单。5月31日,国务院全体会议批准了其中

中国科学院学部成立大会

的 233 人。6 月 3 日，周恩来总理签发了国务院令，公布首批学部委员名单。

1955 年 6 月 1 日，中国科学院学部成立大会在京隆重召开。首批生物地学部地学方面的学部委员有孟宪民等 24 人，分别为孟宪民、尹赞勋、田奇瑰、乐森㻞、许杰、孙云铸、李四光、杨钟健、何作霖、张文佑、武衡、竺可桢、赵九

中国科学院首批学部委员名单

章、侯德封、俞建章、夏坚白、顾功叙、涂长望、黄汲清、黄秉维、斯行健、程裕淇、谢家荣、裴文中。

鉴于孟宪民在地质学方面取得的巨大成就，他当之无愧地当选为首批学部委员。

1957 年，中国科学院增选第二批学部委员，但人数很少。

当时生物地学部拆分为生物学部和地学部，地学部第二批只增选 3 人，分别为王竹泉、冯景兰、傅承义。

由此可见，中国科学院首批学部委员的选聘条件之高、要求之严。

孟宪民还当选了中国科学院各学部第二届常务委员会（1957.05—1960.04）委员、第三届常务委员会（1960.04—1967.01）委员。其中地学部共 10 人入选，分别为孟宪民、尹赞勋、李四光、竺可桢、侯德封、张文佑、黄汲清、冯景兰、杨钟健、赵九章。

六、加入中国共产党

1956 年，地质部先后建立了地质矿产、矿物原料、水文地质、地质力学 4 个研究所（室），孟宪民开始担任矿物原料研究所副所长（后任所长）。也就是在这一年，他提交了入党申请书。

矿物原料研究所 1978 年曾更名为矿床地质研究所，2000 年更名为中国地质科学院矿产资源研究所。该所的主要任务是解决中国矿产勘查中的科学技术问题，研究重要矿床的矿物、岩石等。

早在 1919 年，学生时代的孟宪民已经广泛接触先进的思想，积极投身于进步事业中去。西洋留学，让他大开眼界，思想更加开放进步。在后来的科研生涯中，深切体会到，落后的、腐朽的旧社会大大阻碍了科学研究的推进。无数的进步知识分子有苦不能说，有难不能讲，否则会被扣上"赤化""危险分子"之类的莫须有罪名。《中央日报》与御用刀笔吏们的口诛笔伐、黑衣特务的子弹、巡警的严刑拷打，让人们无不对白色恐怖胆战心惊，这些大大加深了孟宪民对于国民党反动统治的厌恶。他开始尝试寻找新的救国思想、新的研究出路，在与进步学生的宣传与交谈中，孟宪民第一次知道了中国共

产党,他再一次找到了希望。

中华人民共和国成立初期,孟宪民就有参加中国共产党的心愿,就怕不够资格,不敢提出来。毛泽东主席、周恩来总理在这一时期经常邀请科学、文艺界的知名人士座谈,在此期间,许多人提出了入党的想法,比如吴晗、李四光、老舍、程砚秋等,甚至包括国母宋庆龄女士,也提出了相关的意愿。党中央出于多方面因素的考量,批准了其中的一部分人成为光荣的共产党员。这大大提升了孟宪民入党的积极性。

他常想,在共产党领导中国人民进行几十年艰苦卓绝的革命武装斗争中,在无数先烈为共产主义理想抛头颅洒热血的年代里,自己没有这个觉悟,没有投身于革命队伍中去,内心感到非常惭愧。现在共产党领导人民夺取了政权,成了执政党,为人民谋幸福。在这个时候提出入党要求,他认为当然是不够资格的。同时也感到,自己虽然对党有了一定的认识,但从阶级觉悟和世界观的改造来讲,还只是刚刚开始,离一个共产党员的标准,还有一段很大的距离。特别是在对党的事业的贡献上,自己还做得很不够,入了党是否能起到一个共产党员的先锋模范作用,也是一个问题。

在这重重顾虑和矛盾的心情下,一段时间里,孟宪民只好把要求入党的想法,深藏在自己的心里。只是在实际行动中,孟宪民却时时用共产党员的标准严格要求自己。

在孟宪民到地质部矿物原料研究所工作之初,当他听到有些地质工作者,抱怨当时地质工作任务太重时,孟宪民建议大家要传承地质工作的行业精神,这就是"以艰苦奋斗为荣,以找矿立功为荣,以献身地质事业为荣"的"三光荣"精神,开导大家:"想想革命家抛头颅洒热血时,我们还安全地坐在研究室里面。今天革命胜利了,还能不拼命地干点事?累死了也是值得的!"这段话,反映了孟宪民以革命精神来对待工作的态度,也是他爱憎分明高尚品格的佐证。周围的同事看在眼里,记在心里。他们见证着孟宪民的思想进步,打心眼里为他高兴。

　　直到有一天,许多同事对孟宪民说:"孟所长,你应该够成为党员的条件了。"多年要求入党的心愿,在此时开花结果,孟宪民激动得夜不能寐。他坐到书桌边,提起钢笔,在稿纸上郑重地写下"入党申请书"五个大字。此时,他写得那么坚决、那么认真、那么有力。此时的他,真正地感受到什么叫字字千钧。他正式向党组织提交了入党申请书,并向党组织表达自己的这个夙愿。他说,作出这个决定,是经过了一番深思熟虑的。地质部党组织的领导们对于他的意愿表示欢迎,并向他表示祝贺。

　　经地质部党组织研究、考察、讨论,孟宪民终于加入了伟大的、光荣的、正确的中国共产党。每当遇到老同事、老朋友,他都会自豪地说:"我在政治上终于迎来新生了!"

　　孟宪民一生经历了一条漫长而曲折的道路,而在他进入知天命后,才找到了"归宿",加入了中国共产党。正像他在党组织会上说的一样,他"像是一个被救治好的病号,生命的新起点才开始"。他感到生活是那么美好而充实,能够奋斗在地质科学战线上,他恨不得把全部智慧和力量,在一刻间倾倒

出来,献给党,献给人民。

　　作为中国科学院第一批学部委员(院士),他每个月能够享受 100 元的津贴,这在当时是一笔不小的收入,但对于家中有 6 个孩子的孟宪民来说并不宽裕。尽管如此,他依然把这笔津贴作为党费上交了。

第六章
思考者：敢于质疑护真理

善庆里

中华人民共和国成立初期,学术界一度出现过教条主义、忽视实事求是的情况,在这样的潮流里,以孟宪民为代表的许多有良知的科学家坚持学术底线,敢于质疑、坚守真理,这是何等的气魄与魅力!

一、"吾尤爱真理"

古人给我们留下一条很好的遗训:"苟日新,日日新,又日新。"(汤之《盘铭》)说的是一个人的进德修业,不要故步自封、墨守成规。这对从事科学研究,包括地质科学研究的人来说,尤其需要这样。孟宪民就是这样的一个人。

众所周知,孟宪民曾就读于美国马萨诸塞州理工学院,师从于著名矿床学家林格仑教授。林格仑是岩浆热液成矿说的首创者,其理论基础是鲍文的玄武岩浆分异成岩说。这两个学说从 20 世纪 30—50 年代,曾风行一时,在国际矿床学界占据着

统治地位。中华人民共和国成立前,孟宪民撰写的一些矿床学著作明显地受到这些学说的影响。但是,他并没有墨守成规,而是随着地质科学的发展,结合自己的工作经验,运用新的地质理论,去解释新的地质发现。其中最为突出的两件事是他组织对花岗岩化理论及矿床同生说的宣传。

中华人民共和国成立初期,他首先支持他的助手翻译英国里德(H.H.Read)关于花岗岩化理论的重要论文《花岗岩与花岗石》,在清华大学的地质刊物上发表。

随后,孟宪民又支持莫柱孙翻译里德关于花岗岩化理论的另一篇力作《花岗岩沉思录(摘要)》,在1951年《地质论评》第16卷第3—6期上发表。这在当时对于宣传花岗岩化

1965年10月,参加黄山花岗岩讨论会代表合影(前排右一:孟宪民,右三:李春昱,右四:黄汲清,右五:田奇瓗,左一:谢家荣,左六:冯景兰)

理论,无疑起了带头作用。

　　孟宪民本人对于花岗岩化理论的宣传,一直没有停止过。1958 年,他在《中国地质学会会讯》第 12 期发表了《花岗岩成因的争论》,并在 1965 年 10 月召开的"黄山花岗岩讨论会"达到最高潮,他倡议并组织了这次讨论会,并在《地质论评》第 22 卷第 4 期发表了《关于花岗岩的安放问题》等文章。

　　他这种不故步自封、不墨守成规,"吾爱吾师,吾尤爱真理"的精神,是值得我们永远学习和提倡的。

二、突破岩浆热液成矿论的学说

足迹不曾停歇,思考也不曾停止。20 世纪 50 年代末,孟宪民提出了新的学术观点:同生成矿学说。这在当时岩浆热液成矿论一统天下的情况下,很多人认为不可思议,然而这恰恰是孟宪民科学人生中,带给人类最厚重的一笔遗产。

岩浆热液成矿论认为:热液流体和成矿金属源于能够分异和演化的岩浆,岩浆侵入体与热液矿床在空间、时间和成因上密切相关。该理论的首创者林格仑就是孟宪民的老师,这使得孟宪民在很长时期内也对该理论深信不疑。

但是随着矿床勘探工作和研究工作的深入,孟宪民了解到东川烂泥坪震旦系底部的铜矿层层位稳定;云南个旧锡矿均发育于三叠系个旧灰岩的两个不同的层位中;扬子江下游泥盆系与石炭系沉积间断上的铁矿、含铜黄铁矿或黄铁矿,层位也稳定;其他如铅锌矿、汞矿、锑矿等均发育于一定的层位。岩浆热液成矿论并不能很好地解释许多矿床地质现象,更不能有效地指导找矿和探矿。这些事实让他对岩浆热液成矿论产生怀疑。"如果说这些一定地层的矿层是含矿热液沿有利于交代地层用浸染交代而成的话,就发生了下列的问题:每一矿床的富集就需假设,这些成矿物质在地壳深处富集起来,并经过一个通道把这些富集的物质搬运到适宜成矿的地区,这样还要替被交代的岩石物质设想如何被交代和运出。"他说,"有些金属矿床储量大,达几千万吨至亿吨。这种大量成矿物质的运进和被交代物质的运出是热液成矿论无法解释的。"

一方面,他通过野外实践工作寻找解释;另一方面,他翻阅了大量文献资料,了解国外金属矿床产出情况。他举例说,德国曼斯费尔德的含铜页岩矿床,矿层仅有 22 厘米厚,分布于从英格兰北部到波兰的大面积范围。非洲赞比亚铜矿带的铜矿床也是有一定层位,分布面积广。西班牙的里奥廷托的含铜黄铁矿也有一定层位和分布面积广的特征。这些都解释了矿床是成群出现的说法。

慢慢地,他对脉状矿与层状矿的关系与区别有一定的认识,逐渐从岩浆热液成矿论理论的一名跟随者成为质疑者。这为中国首次向传统的岩浆热液成矿论提出挑战并倡导矿床同生论埋下了伏笔。

1962 年,他正式提出东川铜矿不是岩浆热液型成矿,而是同生沉积的层控矿床的理论。1963 年,孟宪民关于矿床同生成因的研究成果在《科学通报》发表后,引起了国内外地质界的反响。同年,他发起了由各个矿床学派参加的长江中下游铁铜矿床成因与找矿现场考察大辩论,第一次在中国正式举起矿床同生学说的大旗。1965 年,孟宪民在黄山花岗岩讨论会上,介绍了自己的转变过程,"客观事实使我从原来的一位热液成矿追随者改变到现在的一些想法"。他通过统计分

析中华人民共和国成立以来的矿床勘探资料，得出沿一定地层层位找矿是今后的方向。

孟宪民和周圣生等主张的同生成矿和沿层找矿论观点，后来被钻探证实。但当初遭到了岩浆热液论者的激烈反对，包括杨超群、刘若新、张寿、任英忱等科学家都曾经撰文商榷。即使如此，但总体给人以启迪，活跃了那时我国地质学界的学术气氛，也为 15 年后中国同生和层控矿床研究的大发展奠定了基础。

1967 年，67 岁的他在因病住院治疗期间，仍然念念不忘同生成矿学说，一见到来访的同事、学生，就会抓住机会讨论。

矿床同生说译文选集

孟宪民译

中国工业出版社

孟宪民译《矿床同生说译文选集》书影

三、捍卫学术底线与尊严

1963年，地质部地质科学研究院（1975年更名为中国地质科学院）党委书记、副院长朱效成（1932年参加革命的老同志）召集孟宪民副院长和郭文魁院士实地考察，就长江中下游成矿原理进行讨论。他们从大冶到南京，一路看矿，一路研讨，特别是关于岩体产出和侵位与成矿作用问题，讨论热烈，争鸣积极，给人们留下很深的印象，成为地质科技界传颂的一段佳话。

1965年，孟宪民领导和组织了长江中下游铜铁矿的找矿研究，与有关同志一起完成了我国若干金属矿产储量之统计研究。在此基础上，孟宪民与周圣生、郑直、吴功建、黎诺、孙忠和共同撰写了《某些金属矿的找矿方向和方法的初步经验》一文，于

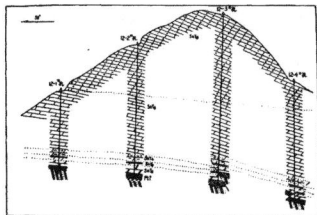

孟宪民等所撰《某些金属矿的找矿方向和方法的初步经验》论文

1966 年在《地质论评》上正式发表。文中对各种金属矿储量分为 5 大类分别统计：第一类是层状矿体；第二类是附近有"侵入体"的层状矿体；第三类是围绕小侵入体发育的矿体；第四类是脉状矿体；第五类是在火山岩、"侵入岩"内的若干似层状矿体。根据铁、铜、铅、锌、汞、锑、锡这 7 种主要金

矿床学论文集
矿床分类与成矿作用
孟宪民 等

孟宪民等著《矿床分类与成矿作用》书影

属之各类矿占总储量的百分比统计列表而得出以下结论：①各矿种以层状矿为主，以第一类矿在总储量中所占百分比而论，铁为 58.87%，铜为 37.78%，铅为 59.87%，锌为 79.77%，汞为 83.44%，锑为 88.69%，锡为 36.69%，这些矿一般规模大，形状简单，分布稳定，品位较富，为工业开采的主要对象。②各矿种一般沿某一或某几个地层层位分布。③各矿种与围岩也有一定关系，以碳酸盐岩为围岩的各矿种的储量百分比，铁为 17.19%，铜为 40.02%，铅为 59.70%，锌为 75.15%，锑为 85.78%，汞为 96.29%，锡为 59.87%。总的来说，以碳酸盐岩为

围岩的矿占着优势。此外，各矿种还与沉积旋回有一定的关系。

基于上述结论，该文提出主要应找层状矿，以某一地区应沿某一已知含矿层位之地层找矿为主，并注意要在不整合面之上，在含矿构造层上部及岩性变异等部位去找矿，对实践很有指导意义。

孟宪民在矿床学上的重大成就，得到国内外同行普遍赞扬与钦敬。我国著名矿床学家谢家荣1941年在《云南矿产概论》一文中称道孟宪民为首的个旧地质调查工作是中外专家调查工作中"最为详尽者"。1963年，孟宪民的《矿床的成因与找矿》一文在《科学通报》上发表后，英国层控矿床学家 J.卜内纳即来函表示赞赏，

孟宪民《矿床的成因与找矿》论文刊登于1963年第1期《科学通报》

并希望进行学术交流与合作研究。

1964 年，孟宪民曾代表中国科学技术协会，率团访问巴基斯坦和斯里兰卡。他在当地作了关于《矿床分类与找矿方向》《矿床的成因与找矿》以及《石油地质》方面的报告，他指出："多少万年来，人类的劳动经验与智慧创造了无数寻找和利用地下资源的方法与说法。这些，归根结底就是实践与理论相结合的矿床分类说。"他还以中国科学技术协会的名义邀请所访问国家的地质专家参加北京科学讨论会。由此，打破了美苏两国在科技上对我国的封锁，捍卫学术底线与尊严。

1977 年，在孟宪民逝世 8 年之后，美国科罗拉多矿业学院地质系主任芬尼教授访华时，曾特别指明要求拜访这位著名的老校友孟宪民，想向他请教一些学术问题。

第七章
创新者:发现"香花石"

俞家弄

作为地质界的一大发现，"香花石"凝聚着孟宪民的心血与汗水，为了发展和繁荣祖国的矿山建设，孟宪民走遍万水千山，踏遍大江南北，历尽千辛万苦，练成铮铮铁骨。这"香花石"，是那么朴实而又坚韧，不正是孟宪民精神的写照与结晶吗？

一、小小石头真神奇

有一种矿物被誉为"国宝"，初看似乎并无特别之处，而若仔细赏鉴，却又令人心醉神迷，它就是香花石。

这是一种高含铍矿物，它具有独特的晶体结构，在世间赋存极为稀少。属微细晶体，直径 5 毫米以上就算是较大晶体，已知最大晶体直径才 12 毫米，该标本现藏于中国地质博物馆。香花石的成因非常复杂，仍为不解之谜。

它由地质学家孟宪民在香花岭发现并命名，中国及世界

其他地方迄今尚无发现。类同动物中的大熊猫，为国之瑰宝。香花石的发现，是中国地质学史和矿物学史上的一个重要的里程碑，发现不久，即被国家地矿部门定为国宝级矿物，其发现地香花岭锡矿也被列为一级保密单位。改革开放后，虽然香花岭锡矿已解除密级，但是香花石却还是那么神秘，犹如一位佳人，纵然光润玉颜、丰姿冶丽，却养在深闺人未识。

让我们抱着崇敬的心情和目光，徐徐地掀开它神秘的面纱，详详细细地去了解它的前世今生。

香花石以发现地湖南省郴州市临武县香花岭而命名。

南岭山脉连绵起伏，如同奔腾不息的大江一般，时而巨浪滔天，时而微波荡漾。其中有一个美如其名的地方，叫香花岭。

香花岭作为珠江水系、长江水系的分水山岭，沉积岩、岩浆岩、变质岩三大岩系沉积作用普遍发育，地质构造复杂，从寒

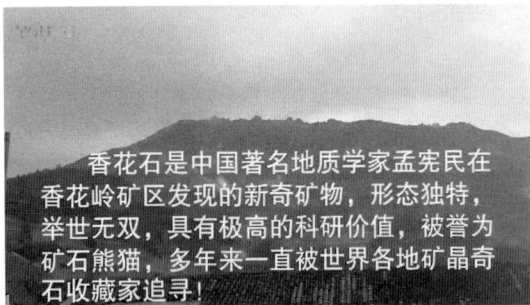

香花石是中国著名地质学家孟宪民在香花岭矿区发现的新奇矿物，形态独特，举世无双，具有极高的科研价值，被誉为矿石熊猫，多年来一直被世界各地矿晶奇石收藏家追寻！

香花石呀美名传天涯

香花石歌曲

武系到上古生界泥盆系、石炭系、二叠系及中、新生界的三叠系、侏罗系、白垩系、第四系……地层出露齐全，区内岩浆活动频繁，地史上各期大的构造运动在这里均表现明显、酸性岩浆活动强烈，岩体多矿物质充填、侵入化学条件良好，于是，形成各种有色金属和非金属矿藏。

香花岭地区的采矿业始于五代，到明万历年间形成一定规模，至民国年间已有 34 家官办民营矿业公司。中华人民共和国成立后，国家组建国有香花岭锡矿，成为全国四大锡生产基地之一。20 世纪 80 年代，因矿设镇，便有了行政建制的香花岭镇（2012 年 4 月，香花岭镇、三合乡合设为香花镇）。香花岭镇设立后，此地走上了经济、文化的繁荣之路。而最让香花岭人引以为傲的，还在于本地一座大山上蕴藏着世间绝无仅有、被誉为国宝的珍稀矿物——香花石。

香花岭是香花石的故乡，但香花岭包含了多座峰峦，那么，究竟是哪座神奇山峦孕育了国宝香花石呢？

在香花岭西南方向的千米之外有座山体。此山南北长约 2000 米，东西宽约 800 米，相对高度约 500 米，海拔高度约 1200 米。山的西面有小溪由南而北再折向东，沿西北方向的山脚如洁白丝绢般缠绕而过。山东面的南华河，由南而北蜿蜒而来。两溪交汇后北流 200 米左右，便垂直跌落山壑，形成甘溪河。这座独体大山叫做癫子岭。

孟宪民在《湖南临武香花岭锡矿地质》一文中介绍——

"癫子岭花岗岩山丘虽然不很高，但却是香花岭矿区的主要界标。其源头、细柱黄英岩被洗刷后形成的白色山峰，堡

状岩石及沿斜坡发育的大的砾状突起构成癞子岭特有特征。从远处一望，其地势极其标致，斜坡看起来极其陡峭与崎岖，但实际爬起来，并不像起初所想象的那样陡峭。癞子岭在近北北西—南南东方向上显现为椭圆形，海拔1200米的花岗岩小山，在东部的古灰化岩与西部的莲花砂岩之间呈楔形。其顶部被许多似伟晶岩状黄玉岩所切割。实际上癞子岭顶部绝大多数由似伟晶岩状黄玉岩脉及白云母组成，在北部渐变为细粒黄玉岩。沿南坡接近老虎石时有大量电气石脉。在伟晶岩状黄玉岩中曾试采过钨矿。在山脊中部仍可见有几条宽3—6米的沟渠。一些残留的灰岩岩块其规模为200×100—5×6米，受到了气化作用与高热变质作用的强烈影响。在该残留灰岩岩块中亦采过锡矿……癞子岭东坡或东北坡颇为平坦，由兰花街至茉蓉岭沿太平里盆地的路上见有几行次一级的平行的花岗岩山麓山脊。北端山坡以砂子岭灰岩山麓为界，有时相当陡峭，沿松叶冲河谷，其西坡为陡峭的悬崖与峡谷。最陡峭的部分在其南端，那里花岗岩峭壁高耸在风木冲碎石河谷之上。"

癞子岭之名虽然俗气，但却是一座矿藏宝库，它几乎蕴藏着所有的常用有色金属，尤以锡的储量较大，稀有金属更是品种繁多，铌、钽、铍、铷、锂等俯拾皆是，非金属矿物萤石、水晶、黄玉、日光榴石、方解石等呈晶体存在的观赏奇石也不难觅得。而奇石中的珍品，则无疑是国宝香花石了。

香花岭有着怎样的由来传说呢？而国宝香花石又是怎样被发现的呢？

二、香花岭的传说

临武香花岭

香花岭是因为这里长了很多桂花树，在临武方言里，桂花树就叫"香花"，故而这片山就叫香花岭。

相传，在很久很久以前的尧帝时期，辽阔的东海边，生长着一棵扶桑神树，树枝上栖息着十只三足乌，它们都是天帝的儿子。天帝严厉地告诫孩子：每日轮流上天遨游，为人类带去光和热。三足乌放射的光芒，就是人们看见的太阳。

后来，十只三足乌不听天帝的警示，都抢着上天嬉戏，天空中就同时出现了十个太阳。这下可糟了——大地烤焦了，田里的庄稼都枯死了；河流干枯了，水里的鱼儿全干死了；森

林着火了,林间的动物被烧死了。人类只好白天躲在山洞里,黑夜出来觅食,猛兽毒虫借机残食人类,百姓纷纷跪地祈求上苍让他们脱离苦海。

消息传到天庭,天帝就赐给后羿一张红色的弓、一袋白色的箭,让他带着美丽的妻子嫦娥仙子下凡到人间,一方面惩治妖魔怪兽,另一方面也教训教训他的这些儿子。

可这些三足乌根本不把后羿放在眼里,照样一起上天逞威逞强。后羿大怒,选择背阴之处拉弓搭箭,瞄准三足乌射去。他箭无虚发,一连射下九只三足乌。本来,他想把最后一只三足乌也射下来,边上围观的百姓中有一老者,拦住了他,说道:不可不可,如果把三足乌全部射下来,天空将暗淡无光,天下将永无宁日。后羿听后忙收住了手。

三足乌一死,火光自灭,人们顿感清凉爽快,于是欢呼雀跃,呼喊声传到了天上。

天帝得知后羿射杀了他的九个儿子后,非常恼怒。他的本意只是想教训一下这些儿子,没想到后羿却违抗天命。于是天帝惩罚后羿,将他和嫦娥贬到人间,不准再回天庭。同时也令仅存的这只三足乌日日遨游,不得休息。

嫦娥待在人间时间一长,艰辛难熬,心生忧虑,担心像凡人一样变老死去。

王母娘娘心疼自己的女儿嫦娥,悄悄派人给嫦娥送来两颗仙丹,并再三嘱咐她:后羿和嫦娥每人吃一颗,可以在人间长生不老,相伴永远;一人吃两颗,便只可一人升天。

嫦娥犹豫了很久,最后决定自己把两颗仙丹都吃下,升天以后再央求王母娘娘来解救后羿，于是嫦娥偷偷跑到了山顶，瞒着后羿吃了两颗仙丹，升天来到天庭。

天帝大怒，怒斥嫦娥得寸进尺，并将她发配到月亮上的广寒宫，做捣药仙子。

嫦娥来到清凉寂寞的广寒宫后，懊悔不已，终日与桂树和玉兔为伴，常常思念留在人间的后羿，以泪洗面，面向她和后羿曾经恩爱幸福生活过的地方撒下桂树种子和思念的泪珠。

从此，人间就多了一个开满桂花的山岭，这个地方就是"香花岭"，后人为纪念嫦娥，把她升天的山岭叫作"通天山"，嫦娥思念后羿的泪珠就化作了珍贵的"香花石"。

神奇的传说，美丽的故事，为香花石增添了绚烂的色彩。

三、"就叫'香花石'吧"

谈到香花岭的地质探矿和香花石的发现经过,必须提到孟宪民了。

早在 20 世纪 30 年代初,孟宪民便深入香花岭地区,对香花岭金属矿藏进行研究,并有研究论文问世。到了 20 世纪 50 年代,彼时,为了促进国民经济发展,我国有色金属探采业掀起了第一波高潮。有着悠久开采历史和良好找矿前景的香花岭地区,成为国家地质找矿的一个重要靶区。1954 年,孟宪民将香花岭矿区的地质情况与美国新墨西哥州含铍矽卡岩加以对比分析,指出在香花岭有可能会发现条纹岩型铍矿。在他的建议和指导下,地质部地矿司开展了香花岭矿物学、岩石学的研究工作。1955—1956 年,孟宪民带领他的研究生黄蕴慧、杜绍华等来香花岭进行了长期的野外考察与岩矿鉴定。1957 年,孟宪民率黄蕴慧、杜绍华、王孔海、赵春林、余正治等再次考察香花岭。他们踏遍了山山水水,历尽了千辛万苦,度过了酷暑寒冬,终于在癞子岭发现了一种前所未见的高含铍矿物。

黄蕴慧问老师:"这石头从来没有见过,叫它什么石呢?"

孟宪民高兴地回答: "它是在香花岭出产的,就叫'香花石'吧。"

随后,经上报地质部确认,该矿物正式以发现地命名为"香花石",并于1958年被国际地科联矿物学委员会确认。

香花石一经问世,便让世界地质界为之震惊。它作为我国首先发现的第一种新矿物,不仅具有极高的科研价值,而且具有观赏价值和收藏价值!

香花石究竟有哪些特征呢?

香花石蕴藏在香花岭地区泥盆系花岗岩与石灰岩的接触带,分布在含铍白色条纹岩的黑鳞云母中,与萤石、锂铍石、铍镁晶石、锡石、白钨等共生,还伴有其他含铍矿物,例如塔菲石、尼日利亚石、金绿宝石等,围岩为灰岩或矽卡岩,常见有细密的白色条纹。

香花石属等轴晶系,晶体结构相当特别。香花石有两种结晶习性:一种为较大结晶体,通常直径在5毫米以上,晶面少,光泽度较低,黑色、乳白色、黄色居多,一般不透明;另一种为微细晶体,通常在5毫米以下,无色或淡黄,也有极少嫩绿、粉红的,透明或半透明。

通过在放大镜下观察,可以看到,与大颗粒晶体不同,一些肉眼看不分明的香花石小晶体,此时也显得格外清晰、新颖。晶体虽小,但其自然晶面可达146个;物理性质:无色、乳白色、淡黄色;透明或不透明;玻璃光泽;硬度6.5;密度2.90—3.00;具脆性;偏光镜下可见无色,透明,均质性。

香花石的芳名也出现在网络上广为流传的悬疑恐怖小说《唐门诡》中。作者漫听雷将作品的一个章节标题为"香花石"。小说中,4颗香气馥郁、晶莹剔透的香花石是主人公历尽

千辛万苦得到后送给情人的定情之物,是美好爱情的象征。

但扼腕叹息的是,香花石蕴藏于癞子岭东边海拔约 900 米的半山腰。香花石矿脉在矿床中呈层状分布,基本上是一层厚厚的方解石搭配一层薄薄的香花石,而香花石矿层中又伴生着较高品位的锡矿和白钨矿,这也给香花石的命运埋下了祸根。

20 世纪 80 年代,在香花石的产地,乱采滥挖行为一度横行,各级政府虽采取了多项措施,但在相当长的一段时间里都没有从根本上遏制住。香花石矿脉几乎被完全掏空,形成巨大的空场。自然赋存状态的香花石随同伴生的钨矿、锡矿经钻打炮轰,变成身首异处的块矿,又被碎矿的虎口机碾为矿粉,令人痛心疾首!假如孟宪民地下有知,他的在天之灵会难以安息的。

聊以慰藉的是,原香花岭矿区几个珍木奇石爱好者,从抛弃的废石堆中觅得一些品相较次的香花石残块,或者从虎口机里夺得一两块香花石精品,也算是为濒临灭绝的香花石留下了几个可供后人研习和鉴赏的标本吧!

第八章
开拓者:助力"两弹一星"事业

沙家弄

1964 年，东方巨响，寰宇大震，我国第一颗原子弹成功爆炸。中国突破美苏两国超级大国的封锁，创造了中国的核工业，成为巩固国防的利器。这举世瞩目的奇迹，凝聚了无数参试人员、知识分子的心血。孟宪民虽然没有直接参与"两弹一星"的研制工作，但他用自己的专长，为寻找所需稀有矿物元素，作出了重大贡献。他作为助力者的代表，将永载史册。

一、"祖国需要我，我义不容辞"

孟宪民虽未直接参加我国"两弹一星"的设计、制造工作，但他助力了我国"两弹一星"事业。他多次表示，"祖国需要我，我义不容辞"。

中国第一次发现的铀矿，就与孟宪民有着密切关系——

这块铀矿石，如今就静静地躺在北京市朝阳区小关东里 10 号院：核工业北京地质研究院。

铀矿石标本

　　这块铀矿石是在广西钟山县花山乡杉木冲被发现的,它的出现更加坚定了中央领导要搞中国核工业的决心,然后就发生了"两弹一星"的故事。

　　石头的"居住环境":那是一个放矿石的标本房,虽然50年过去了,但由于铀矿石有较强的辐射性,所以平时它总是"隐居"在标本房,无法像一般展品一样,时时拿出来让大家观赏。据说,就连拍照片,摄影者也是"全副武装"。这块石头实际上比"国宝"还宝贵,被他们称为"开业之石"。

　　要说中国核工业、钟山花山铀矿石这两样事情,就必须认识这个人:南延宗。

　　南延宗(1907—1951),原名南蒋康,字怀楚。1925年毕业于中央大学地质系,先后在北平地质调查所、江西省地质调查所、中央研究院地质研究所工作。1942年中国地质学会授予他"赵亚曾先生纪念奖金"。中华人民共和国成立后,应聘担任浙江地质调查所研究员。是中国杰出的地质学家，被誉为"中国铀矿之父"。

1943年5月，南延宗应邀到广西进行矿产地质调查，当他在广西钟山县调查锡矿时，在一个已被开采的锡钨矿的废旧窿口上，看见很多鲜艳的黄色粉末状东西，出于职业敏感，便用刀刮了一些带回去，交给同行、地质力学专家吴磊伯化验，想看看是否存在稀有元素。

正好当时地质学家孟宪民刚为他们讲过显微化学的原理方法，还做了一系列示范实验。于是，南延宗与吴磊伯现学现干，对这包神秘物进行显微化学的微量分析。在明察秋毫的显微镜下，两人惊喜目睹，神秘物呈现完美的四面体结晶，这正是铀元素的特征！不敢相信的他们，赶紧又做了照相感光实验，结果无误。

为了明确当地铀矿物的产状，这年8月，他们随中央研究院地质研究所所长、著名地质学家李四光到广西，途中，再次顺道到钟山县黄羌坪对该铀矿点进行复查，发现这里的铀矿物是沿着一条钨锡伟晶花岗岩脉中的断层面生长，虽然产量不多，但千真万确是铀矿物，这是中国第一次发现铀矿物。

当年两人于12月在《中国地质学会志》发表的《记广西东部几种矿物》一文，首次描述磷酸铀矿、脂状铅铀矿、沥青铀矿等次生铀矿物，而引起学术界关注。1944年4月，南延宗、吴磊伯两人又辑文《广西富贺钟区铀矿之发现》发表于孟宪民担任编辑的《地质论评》第九卷，作了详细报道，之后整理资料撰写了《广西花山花岗岩之流线与岩脉排列之关系》一文发表在

1945 年《地质论评》第十卷。

可以讲,孟宪民的显微化学原理方法,催成了中国铀矿的发现。

另外,孟宪民曾关心、教导了初出茅庐的黄劭显(我国铀矿地质学的开拓者、铀矿地质事业的创建者之一、中国科学院院士),让他开阔了眼界、积累了经验、收获了信心。

1940 年秋,受资源委员会西南矿产测勘处委派,中央研究院地质研究所孟宪民、许杰带领黄劭显到云南东川铜矿及其外围地区一起从事详细的地质测量与调查,最后出版了《云南东川地区地质图及地质报告》,这是当时该地区最翔实的一项地质工作成果。黄劭显后来在孟宪民指导下,与该测勘处同事马祖望在《资源委员会矿产测勘处临时报告》第 5 号、第 6 号上分别发表了《云南兰坪县澜沧江东岸水银矿简报》《兰坪石油》的论文。

孟宪民、许杰、黄劭显在云南会泽地区做地质填图时注意到会泽以东的矿山厂南部的震旦系和寒武系交界处有高品位含磷矿层。这在会泽县矿山厂及者海一带地质矿产报告中有记述,在中央研究院地质研究所及云南省经济委员会合作出版的《云南东川地区 1:20 万彩色地质图》及报告中也有详细说明。

1955 年 2 月,为了发展我国"两弹一星"事业,根据中苏联合委员会的安排,黄劭显参加筹建了中国第一支铀矿地质队——309 队,主要负责中南地区的铀矿地质普查和勘探。同年 3 月,309 队正式成立,苏方地质技术负责人任总地质师,黄

边栏文字
中国地质事业先驱

孟宪民传

劭显为中方地质技术负责人，任副总地质师。一次，对于某地区一个铀矿床的成因问题，黄劭显与苏方总地质师的专家产生了分歧，苏方专家是对苏联铀矿地质工作有贡献而获得过斯大林奖金的权威，因此固执己见，不同意黄劭显的意见，但黄劭显在时任地质部地质科学研究院副院长孟宪民的支持和鼓励下，凭借多年找矿经验和已掌握的实际资料，据理力争，始终坚信自己的判断，直到新的苏联专家前来指导工作，才根据实际情况充分肯定了黄劭显的意见。黄劭显这种实事求是、敢于坚持真理、挑战权威的精神，深为人们敬佩。

苏联专家撤走后，黄劭显独当一面，领导 309 队继续奋战，在 20 世纪 50 年代发现的若干铀矿基础上，又探明一处铀矿床；于 60 年代在中国突破花岗岩型和碳硅泥岩型两种铀矿类型，找到了多个铀矿床，从而丰富了找矿理论，拓宽了找矿思路，在铀矿勘探史上具有重大意义。我国在极端困难的条件下，自力更生，艰苦奋斗，提交了首批铀矿工业储量，建立了自己的首批铀矿山，建成了自己的首批核工业原料基地。1964 年 10 月 16 日，我国第一颗原子弹爆炸成功，在铀原材料供应方面，对于黄劭显等铀矿地质工作者多年的工作，我国首任核工业部部长刘杰曾如此评价："在我国原子能事业的发展过程中，铀矿地质勘查工作作出了重大的历史性贡献。"

如今的中国有了核工业，原子弹氢弹试爆的成功，"两弹一星"的研制成功，这些成果当中还有一位高龄科学家的努力。2011 年，当这位 90 岁老人带着自己的孙子回到母校清华大学，参加百年校庆纪念活动之际，抚今追昔，十分感叹。他就

是我国著名的核电专家董仕枢。他毕业于清华大学的工学院采矿专业。

董仕枢头发花白但精神矍铄,对于人和事物的许多细节记忆准确,谈吐思路极为清晰:

"当年我们的院长是施嘉炀,系主任是孟宪民。和我一样学习采煤的有 8 个同学,还有 32 个同学毕业后进入采油行业。"

董仕枢回忆道,毕业后他先进入德胜门的北京煤矿设计院进行煤矿开采勘察设计工作。1956 年,因国家决定发展核工业,工作出色的他被中央组织部调派进入当时的核工业部。先去了新疆,后来,他又辗转湖南、江西、广东多地,进行铀地质、矿山水冶、核燃料循环等方面的科研和工程探索。"中国的大亚湾和秦山核电站建设时,我主要负责地质安全方面的工作。"他自豪地说。

谈到当年的工作"转型",他感慨地说,自己之所以能够得到领导的重用,实现从采煤到"采铀"的跨步,与清华大学的教育和孟宪民主任培养密不可分。在采矿专业掌握了扎实的地质学基础,让他在与铀矿资源打交道时游刃有余。当时的工作经常需要与苏联专家打交道。"我本身英文好,又在一个月内采用清华自己开发的'俄语速成'法,掌握了基本的俄语交流,所以与苏联专家交流起来十分自如。"

董仕枢至今不忘恩师孟宪民的教诲。

二、东方巨响

20世纪五六十年代极不寻常。面对严峻的国际形势,为抵制美帝国主义武力威胁和核讹诈,以毛泽东同志为核心的第一代党中央领导集体根据当时的国际形势,为了保卫国家安全、维护世界和平,高瞻远瞩,果断地作出了独立自主研制"两弹一星"的战略决策。

1945年,美国首先研制出了原子弹,并向日本投放了两颗,让世界看到了原子弹的威力,于是就催生了新一轮的军武竞赛。紧接着1949年苏联就成功研制出原子弹,成为世界上第二个拥有核武器的国家。

1950年,抗美援朝战争爆发,中国人民志愿军的加入,让美国在朝鲜战场接连失利。气急败坏的美国,曾以原子弹轰炸威胁我国,但由于当时的苏联已经拥有原子弹,美苏两方互相制约。最终美国宁愿接受在朝鲜战场的失败,也没有按下原子弹的发射按钮。

抗美援朝胜利以后,毛泽东主席明确提出:中国人一定要拥有自己的原子弹。当时的中国一穷二白,工业基础薄弱,但如果想要在世界舞台站稳脚跟,中国就不能没有原子弹。陈毅元帅表示,中国人就是把裤衩子当了,也要搞出原子弹。

于是在 1955 年，中国就开始了制造原子弹的筹备工作。当时，中苏还处于蜜月期，苏联承诺向中国提供相关的技术支持和科技人员，帮助中国制造原子弹。此外，孟宪民学习任教过的清华大学成立了工程力学数学系，清华师生不但参与了"两弹一星"的研制和关键技术的攻关，更为我国航天事业选送了成百上千名优秀毕业生。1958 年中国核工业和原子弹项目正式立项，一切工作都在朝好的方向发展。

但后来随着国际形势的变化，中苏关系开始恶化。1960 年苏联撤走在华全部的 1390 名科研人员，并销毁了一切不能带走的资料。甚至当时的苏联领导人赫鲁晓夫，还放出了极其嘲讽的话语：没有苏联的帮助，中国就是再过 20 年，也不可能制造出原子弹。但中国人骨子里就有不服输不信邪的基因，就是用算盘算，也要算出来原子弹。

大批优秀的科技工作者，包括许多在国外已经有杰出成就的科学家，以身许国，怀着对新中国的满腔热爱，响应党和国家的召唤，义无反顾地投身到这一神圣而伟大的事业中来。他们和参与"两弹一星"研制工作的广大干部、工人、解放军指战员一起，在当时国家经济、技术基础薄弱和工作条件十分艰苦的情况下，自力更生，发愤图强，完全依靠自己的力量，用较少的投入和较短的时间，突破了原子弹、导弹和人造地球卫星等尖端技术，取得了举世瞩目的辉煌成就。

1960 年 11 月 5 日，我国仿制的第一枚导弹发射成功；1964 年 10 月 16 日，我国第一颗原子弹爆炸成功，使我国成为第五个拥有原子弹的国家；1966 年 10 月 27 日，新疆罗布

中国第一颗原子弹爆炸成功现场

泊上空发出了一声巨响——我国的两弹结合试验获得圆满成功;1967年6月17日,我国第一颗氢弹空爆试验成功。

这一连贯的爆炸,炸得美国惊慌失措,炸得日本人心惶惶。这爆炸,不仅奠定了大国道路的基石,还打破了世界对中国的认知。

孟宪民闻之接踵而来的喜讯,喜极而泣,流下热泪,兴奋地说道:"中国终于屹立于世界之林了,中国再也不怕美帝国主义核讹诈了。"

地质人助力了"两弹一星"事业的成功,让孟宪民心潮澎

湃、倍感自豪,也让他对地质事业更加热爱,使他更加忘我地开展科研工作。

对于我国而言,"两弹一星"是在非常艰苦、没有外援的环境下所研发出来的成果。而"'两弹一星'的精神"象征了中华民族自力更生、在社会主义制度下集中力量从事科学开发研究,创造了"科技奇迹"。

值得一提的是,1964年我国原子弹试爆成功后,当时的联合国没有恢复我国的合法席位。到了1967年我国氢弹试爆成功后,联合国还是没有任何的表示。直到1970年我国第一颗人造卫星发射成功和"东风四号"试验成功,中国拥有了中远程核武器打击的能力,联合国立即恢复了我国五大常任理事国之一的合法席位。

第九章
奉献者：一腔热血为祖国

北大街

孟宪民为中国地质事业的奠基呕心沥血。他深知人才的重要性，努力培养提携新人，并坚持在一线考察，将自己的一腔热血都献给了可爱的祖国。

一、"我还有许多事要做"

随着新中国第一个五年计划（1953—1957）的巨大成功，人们对于美好生活的追求向往更加强烈、明显。

1956 年 9 月召开的党的八大正式通过由周恩来同志主持编制的《关于发展国民经济的第二个五年计划的建议的报告》（以下简称《建议》）。

《建议》明确规定了第二个五年计划的基本任务：（一）继续进行以重工业为中心的工业建设，推进国民经济的技术改造，建立我国社会主义工业化的巩固基础；（二）继续完成社会主义改造，巩固和扩大集体所有制和全民所有制；（三）在发展基本建设和继续完成社会主义改造的基础上，进一步发展工

业、农业和
手工业的生
产，相应发
展运输业和
商业；（四）
努力培养建
设人才，加
强科学研究
工作，以适
应社会主义

中国共产党第八次全国代表大会会址

经济文化发展的需要；（五）在工农业生产发展的基础上，增强
国防力量，提高人民的物质生活和文化生活的水平。

《建议》确定从 1958 年到 1962 年五年内的主要指标是：
工业产值增长一倍左右，农业总产值增长 35%，钢产量 1962
年达到 1060 万吨—1200 万吨，基本建设投资占全部财政收
入的比重由"一五"时期的 35%增长到 40%左右，基本建设投
资总额比"一五"时期增长一倍左右，职工和农民的平均收入
增长 25%—30%。

孟宪民在地质部矿物原料研究所听到部党组织同志传达
了大会精神之后很受鼓舞，也为我们的国家制订了科学、有效
的发展计划感到由衷的高兴。在无数次的会议与座谈中，他不
止一次地表示："我们赶上了好时代，才拥有了大有可为的舞
台。我们要感谢伟大的党和以毛主席为首的党中央！"

过渡时期的总路线让一段时间里的国民经济与建设高速

发展,丰硕的成果令人们目不暇接,但高速发展的惯性思维往往也会给人们带来无数的忽视与错觉,让人们飘飘然起来,此时的全国上下亢奋,包括世界社会主义阵营都出现了激进的狂热性,认为进入共产主义就在不远的将来。这时,开始出现了"左"倾的思想苗头,在实施中遇到了许多问题。

1957年,在苏联莫斯科召开的社会主义国家共产党和工人党代表会议上,毛泽东主席提出了设想,就是我国要用15年左右在钢铁等主要工业产品的产量方面赶上和超过英国。赶美超英的潮流由此产生,逐步形成了"大跃进"的雏形。

直到1960年冬,伴随着1959—1960年自然灾害的影响,我国的经济建设遇到了前所未有的摧折,"浮夸风"也带来了十分恶劣的社会影响。

1959年,赫鲁晓夫访华,导致中苏关系出现裂痕。这一年,孟宪民已调任地质部地质科学研究院副院长、院党委委员。孟宪民所在的研究院有许多苏联专家,其中很多人在研究工作中,与孟宪民成为知心朋友。1960年7月,当他们听到召集回国的通知后,也无奈不已。有人对孟宪民说:"孟宪民同志,我们很敬重你,在中国能和你们一起做研究,是我们一生中最美好的回忆。我们还有许多项目没有做完,相信你和你的祖国一定可以办到的。"当听到"达瓦里希(同志)"这句俄语时,两个人落泪了。

当时的祖国,困难与饥饿相互交织,毛泽东、刘少奇等中央领导人下基层调研,通过科学的评估与判断,逐步意识到经济工作中的严重问题,纠正发现的问题已经到了刻不容缓

的地步。

　　经常去地方上进行考察与研究的孟宪民，每当见到矿区周围的农民、儿童饿着肚子，心里很不是滋味，常常会把自己的一点口粮分给他们。

　　重视客观规律，实事求是，是中国共产党最优良的传统。

　　1961 年 1 月 14—18 日，中共八届九中全会上讨论批准了"调整、巩固、充实、提高"的八字方针。

　　1962 年 1 月，七千人扩大的中央工作会议正式召开，毛泽东主席率先做了发言，做了深入透彻的自我批评，刘少奇、周恩来、邓小平等人陆续发言，刘少奇指出这三年所遇到的困难与问题，是"三分天灾，七分人祸"，并提出正面直视、自我批评和设法解决问题。

　　孟宪民等知识分子一直对党忠贞不渝，充满了信心，在得知中央工作会议召开后，再次激动得彻夜难眠，就像入党的前一夜那样，他深深地为祖国感到高兴，也为中国共产党的不断纠错与自我革命的决心感动。

　　他也为祖国所遇到的困难深深担忧，多开良矿，为国民经济建设助力，成为此时孟宪民最大的想法。他不止一次对同事们说："我还有很多事要做呀！"

　　展望未来，他信心满怀，激起了他更多的工作热情。

二、志在培养青年人才

孟宪民常年从事一线地质勘查，还担任过重要领导职务，是中国矿床学研究的组织者、开拓者。他另外还从事过多年教学工作，培养了大批优秀地学人才。

1942 年，云南大学聘请孟宪民到矿冶系任教。孟宪民毕生从事矿床地质研究，20 世纪三四十年代他对云南个旧锡矿的开发和东川铜矿的地质研究颇有建树。直到 1947 年，孟宪民还兼任云南大学工学院院长。

1946 年起，孟宪民出任清华大学地学系教授。刚刚复学的清华本科生主要有两个来源：一是教育部规定有应试大学资格且经清华审查合格的中学毕业生；二是在其他公立或曾经立案的私立大学的本科修业满一年或两年的学生，需要有原校的修业证书及成绩单，经清华审查合格准予参加转学考试并合格才能转入清华大学就读。学生入学后，可以申请转系。关于转系，学校规定：本人申请并经原所在系的系主任核准后，方可转出该系。

孟宪民在教学期间，强调实际，重视实践，授课时多次提醒同学不要迷信书本，在地质学领域未知的东西太多，要以实际为师，深入挖掘和总结。他常引用孟子的一句话"尽信书不如无

孟宪民传

书"来提醒学生。为了搞好野外调查,孟宪民积极改进调查技术装备,如倡导适合野外的微量化学分析方法——斑点试验,收到很好的效果。因此,他的课程受到了学生们的欢迎。

孟宪民在清华大学地学系执教6年间,裴荣富、常印佛、刘宝珺、董仕枢、冯增昭等学生脱颖而出,后来都承担重要学术课题及领导工作,有的成为中国科学院或中国工程院院士。

据中国工程院院士、矿床地质与矿产勘查学专家裴荣富回忆,1946年9月,他正式进入清华大学继续完成学业,当时,与他一同转入清华大学同一年级的有7人,分别转入地质专业与地理系。他们的老师就是孟宪民。

孟宪民和裴荣富有很多接触与交往,孟宪民在大学主讲矿物学,这正是裴荣富所学专业的主要课程。孟宪

裴荣富像

民对矿床地质深入浅出的讲授方式以及他在这方面的学术成就,对裴荣富的在校学习和毕业之后的工作都有着深刻的影响。裴荣富跟随孟宪民认真地学习了显微矿物研究方法。

裴荣富毕业前夕,孟宪民曾介绍裴荣富到云南个旧工作。后来裴荣富还和孟宪民同在地质部矿物原料研究所工作。在地

质部矿物原料研究所共同主持过多次学术会议,并一同开办过显微矿物分析鉴定的学习班。

　　1958 年 9 月 10 日,第一届矿床地质会议在北京召开,会议历时 12 天。此次会议是在冶金部、中国科学院、中国地质学会、各地质院校等单位共同倡议下筹备召开的,参会代表 734 人。这次会议是我国规模最大的具有历史意义的地质工作会议,总结了从中华人民共和国成立以来在苏联帮助下执行第一个五年计划所取得的成果。很荣幸的是,裴荣富在恩师孟宪民的带领下也参加了此次会议,并在会议上讨论"湖北大冶鄂城一带铁矿成矿作用与侵入作用的成因关系"。这次会议将我国的地质工作掀起了一个高潮,激发了新中国地质工作者的热情,地质界的研究工作逐渐活跃起来。裴荣富又组织了两次会议,一次是 1959 年在贵阳召开的全国第一届铅锌矿会议,另一次是 1961 年召开的南北方富铁矿会议。这几次参加和主持会议是裴荣富进入研究所以后最早的学术活动。

　　可以说,孟宪民是裴荣富的伯乐。

　　据中国科学院院士、中国工程院院士、矿床地质学家和矿产地质勘查专家常印佛回忆,在清华大学地学系学习,为他一生的事业打下了坚实的基础。清华大学有来自全国最优秀的同学,也有得天独厚的师资,在教授他专业课的老师中,有 10 位后来被选为中国科学院学部委员,如孟宪民、袁复礼、张席禔、冯景兰、杨遵仪、池际尚、涂光炽等。当时清华大学通识教育风气尚存,他广泛涉猎,博览群书,并旁听物理、

奉献者:一腔热血为祖国

化学、气象等系开设的部分课程，还学会了独立思考和批判精神。经过 3 年学习，1952 年毕业分配到安徽铜陵 321 地质队。离

常印佛像

京前拜访了两位领导、恩师谢家荣和孟宪民，两位专家对其谆谆教诲。清华大学是他为科学救国梦插上翅膀的地方，也是他扬帆远航的起点。

"他是一个好强的人，也是一个刚烈的人。"在回忆授业恩师孟宪民时，中国地质科学院矿产资源研究所已退休研究员、将近古稀之年的宋学信如是说。但一遇到地学研究，孟宪民的这两个特点就会发生"化学反应"，转化成热情和执着。

1939 年 8 月 11 日，

宋学信像

宋学信出生在热河省朝阳县（今辽宁省朝阳市）中涝村一个亦农亦医的家庭。由于家境较好、父母严教和自己努力，读完村里初小和乡里高小就被保送进入朝阳县初中念书，进而于1954年幸运地考取刚刚成立的当时热河省第一且唯一的一所独立高中，即承德高中。1957年他从华北考区"歪打正着"地考入北京大学地质地理系地球化学专业。经过全国最高学府的6年寒窗之后，1963年他又如愿以偿地通过统招考入地质部地质科学研究院（现中国地质科学院）首届研究生班，是当年第一批考中的8名研究生之一，拜师孟宪民门下学习矿床学。他回忆说，孟宪民在学术上要求很严格，但遇到不同的观点，作为矿床学大师和院士，他从来不摆架子，总是和学生平等地讨论学术问题。

"当时关于花岗岩的成因，我跟他观点不同。我认为是浅层侵入的；他认为是火山爆发喷出来的。他还请了当时搞岩石鉴定很有名的专家，比如程裕淇、沈其韩等进行分析。"时隔半个多世纪，宋学信对此事仍记忆犹新。"对于一些非共识的观点可以讨论。这一点他很开明，也没有对我态度有所不同。"他回忆说。

担任重要领导职务，没有让孟宪民觉得高高在上。生活中他平易近人，而且，从不利用荣誉和职位搞特殊化。1965年，他到赣西北指导宋学信做野外工作，按上级规定，他这样级别的专家和干部应该开专门的伙食，可他坚决不肯，坚持自己排队买饭。

中国工程院院士、盐类学家、矿床学家、盐科学及其矿业的奠基人和开拓者之一的郑绵平回忆，1957年夏季，国内地质系统曾经有过一番调整。就在那次的系统调整之中，郑绵平随着李悦言总工程师等人，一道由化工部调到了地质部，依然探索盐湖学。

郑绵平像

那是8月里的一天，已经过了"立秋"，尽管午间的天气闷热依然，早晚时却有惬人的凉爽，风丝拂面，沁人心怀。

那天上午，李悦言总工程师突然不约而至，乐呵呵地走到郑绵平的身边表情近乎神秘地告诉他，说地质部的宋应副部长要接见他，却是无论如何也不肯说明原因。当他忐忑不安地、准时准点地到达宋副部长办公室的时候，中国科学院柴达木盐湖科学考察队队长柳大纲教授、矿物原料研究所业务所长孟宪民教授，以及看似满脸严肃、其实满心都是笑的李悦言总工程师，早已陪坐在了副部长的身边。想来他们已经有过某种"密谋"，非要等他来了之后再"揭锅"。

宋应副部长乐呵呵地让郑绵平坐了下来,然后就像家里人似的和他唠嗑,从年龄问到了家庭,然后谈谈工作,真正切入正题,却是征求他的意见,以妥善安排他的工作。

　　宋副部长说:"我们国家盐湖很多, 很有科学和经济价值,李富春副总理在政务院工作报告中还提到了要开展高原盐湖的科学调查工作,因此把你调到了地质部,还是希望你继续搞盐湖。你希望到百万庄的哪个研究所?想想看,你有什么好的想法,可以畅所欲言,不必顾虑哟。"

　　礼贤下士,不拘一格,实际上显露出了宋副部长的人格魅力。郑绵平受宠若惊,连忙回答:

　　"我一定服从组织分配。"

　　"哎,别慌,想好了再说嘛。"宋副部长乐了,再问,"你考虑考虑,到哪个研究所去最适合你? "

　　"让我选择嘛,我就……"郑绵平扶扶眼镜,犹豫了一下,随后转过身来,看了看李总,再看孟宪民教授,心里拿定了主意,于是脱口而出,"那我就到矿物原料研究所去! "

　　"好! "情不自禁,宋副部长叫了一声,然后笑看李悦言,说道,"好嘛,看来是英雄所见略同! "

　　从此,郑绵平在孟宪民教授的带领下,把自己牢牢地与青藏高原和散落在世界屋脊上的高原盐湖捆绑在了一起,再也无法分离。

　　郑绵平说:"这次领导和老专家们的会见, 使我终生难忘。从此开始了我长达40余年的盐湖和矿床学科研究生涯。在40多年中,无论遇到什么困难,不管政治运动还是自然条

件种种非议或困难，我永远铭记组织和老先生的嘱托，决心要当好新中国第一代盐湖人。"

石油地质专家、碳酸盐岩沉积学科的开创者和奠基人、中国石油大学(北京)地科系教授冯增昭回忆，他对地质科学的强烈追求，使他在抗战胜利之

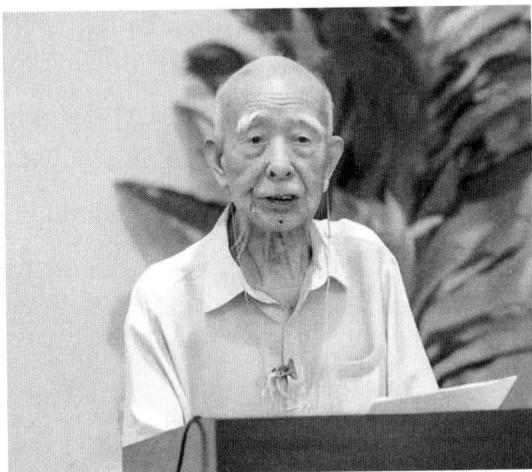

冯增昭像

际的 1945 年，考入东北大学地理系。1947 年，他二次角逐名牌大学，考入清华大学地学系，圆了献身地学的少年之梦。

在清华大学里，他师从孟宪民、杨遵仪、冯景兰等教授，所受到的教益，不仅奠定了他坚实的专业基础，还培养了热爱祖国、自强不息、治学做人等多方面的优良传统和作风。优秀学者教授的德才学识、敬业乐道精神，严以待人、正以律己的高贵品质，给他留下了深刻的印象。名师的栽培，使他在清华大学顺利毕业并留校担任助教，激励他全身心投入到工作之中。

据新加坡归侨、中国地质科学院研究员李章大自述——

新中国诞生前,旅居国外的华侨备受歧视,成为海外孤儿,磨炼出救国爱乡的秉性。我的外祖父许惟民学成后,遵父命于1902年由新加坡返乡实业救国,办了4个肥皂厂,捐资办学,惜遭洋货倾轧,奋斗30年人亡厂闭。母亲许宛如也在日军侵略潮汕时病逝于逃难途中,未能回籍安葬,这些伤痛深深埋在儿女心中。抗战胜利,父亲李文彬携陈氏继母、胞妹汝君赴暹罗,我随哥哥章伟寄宿学校,成为华侨留在国内的孤儿,经历民不聊生、学生也被抓壮丁的岁月,只盼早日长大能自存。

1949年10月24日汕头解放。我像小苗遇上甘露,敞开身心吸吮解放后的阳光和知识,在进步老师和同学的启蒙、鼓励下,一心一意投入校园活动,进青年学园,秘密加入新民主主义青年团,到校办平民夜校教课、参加社会调查、宣传反特、土改、民主改革、抗美援朝,报名参军参干,逐步知晓要做一个为人民服务的新中国主人。

1952年国家为培养计划经济建设人才,抽调具高中文化在职干部进高校学习,我考取在长沙新成立的中南矿冶学院(现中南大学)地质系学习"金属与非金属矿产地质与勘探专业",成为边学习边建设的调干生。

1954年为给祖国第一个五年计划建设准备矿产原料,我们提前毕业参加全国矿产大普查,在桃林铅锌矿外围发现了绿柱石和铅锌矿脉立一大功。却延误了毕业分配报到日期,被重工业部安排到地质局新成立的矿物原料检验所(后成为

冶金部北京地质研究所），边筹建边参加 156 项苏联援建项目的矿山地质勘探会战。此后，每年都到野外工作八九个月，得到锻炼和考验，被评为重工业部机关社会主义建设青年积极分子，选为地质研究所的共青团总支书记。

因为我有海外关系，申请加入中国共产党 26 年未被接受，要去科学院进修未能通过政审被拒，三次被调离北京，都因当时工作脱不开才拖过了关。这却磨炼了我的意志和实际工作能力，坚定人生观念和自律自强，结识很多良师益友和学习楷模。

1962 年作为冶金地质联络员参加地科院孟宪民副院长带领的长江中下游矿山（区）考察团，聆听孟宪民、谢家荣、郭文魁、周圣生等矿产地质学前辈学术报告，开阔了视野。

孟宪民不嫌弃我的身份，如父亲般地关心和照顾学员，我至今不能忘怀。

原水电部中南设计院高级工程师曹新在《在建国初期母校政治思想教育片断》一文中写道——

我在清华求学时，正值解放初期，三年调整阶段。新中国的成立，生机勃勃，给人以万象更新的感觉。每次大礼堂集会，同学们总是拉歌子，"解放区的天是明朗的天……""团结就是力量……"

我们念大一时，上两门政治课，社会发展史和新民主主义革命史。听说，1948—1949 年为解答同学们的一些思想认识问题，艾思奇曾三上清华园。我们那时可以听到许多著名人物的大报告,如周扬讲新民主主义的文化,薄一波讲新民主主义经济,陈家康讲新民主主义外交,范长江讲形势,丁玲讲青年人恋爱观,陈绍禹在同方部讲婚姻法等,极大地提高了同学们的思想觉悟。后来在教授们当中开展思想改造运动,是周总理亲自抓的。他提出一个口号叫"脱裤子,割尾巴",搞自我批评,破除小资产阶级的面子观念。

在大礼堂作典型发言的有北大工学院院长马大猷教授、营造系梁思成教授、采矿系孟宪民教授等,但并不搞人人过关,也不过高地上纲上线。总理号召知识分子从民族的立场到爱国的立场再到无产阶级的立场,完成三个转变。对于广大学生,号召划清敌与我的界限、劳动与剥削的界限和公与私的界限。这些,奠定了我们参加工作后的政治思想基础。

原冶金部中南冶金地质勘探公司高级工程师舒全安、原冶金部第一冶金地质勘探公司高级工程师王可南撰文——

孟宪民教授是我们的老师。回忆我们在清华大学地学系读书和在东川铜矿从事地质工作期间,都深深地受到他的教导。我们敬佩他为人正直、勤奋好学、治学严谨、诲人不倦、敢于创新的美德和精神。他毕生从事地质矿产调查研究工作,对我国的有色金属,特别是锡矿、铜矿、多金属矿和稀有金属矿产均有较深的研究,并且对岩石、矿物做过许多研究。他在20世纪30年代对个旧锡矿的研究与开发,40年代对东川铜矿的调查和评价,50年代末倡导的同生成矿学说的理论与实践,都为我国矿床地质工作作出了卓越的贡献。不幸的是在

"十年动乱"期间,他被迫害致死,享年仅 69 岁。他的死无疑是我国矿床地质学界的一个重大损失。为了缅怀老一辈地质学家的成就与功绩,学习他们艰苦创业的精神,继承他们未竟的事业,我们谨就孟宪民教授对东川铜矿地质调查中所取得的成就和他在 50 年代后期倡导的同生成矿学说的理论与实践,撰写文章,以表示对孟宪民教授的怀念和敬意。

孟宪民教授去世了,但限于当时的历史条件,他没能对"层控矿床"作出更为详细的论述,但是他的学术思想对于当时占统治地位的传统矿床学来说,无疑是一个猛烈的冲击和突破,使当时那种只侧重于围绕侵入体找矿的思想得到了解放,开阔了人们的视野,开拓了找矿的领域。他的功绩是不可磨灭的。他为我们留下了一份宝贵的学术遗产。他的学术思想应该受到尊重、继承和发扬,这是我们对于老一辈的、有成就的地质学家应有的态度,也是作为一个科学技术人员应该具有的道德观念。

地质学家、云南省地质勘查事业的开创者之一李希勣撰文——

孟宪民先生是著名的矿床地质学家,我国矿床学的先驱者。先生的业绩和品德,深为我们所敬仰。孟宪民先生是教过我并把我从矿冶引向地质事业的老师。孟宪民先生在云南进行的地质工作为解放初期迅速选定个旧、东川、会泽、澜沧等有色金属矿区作为重点,进行大规模勘探、开发提供了依据,也为基础地质的深入调查和人才的培养打下了良好的基础。

我对孟老师生前在云南的地质工作及其在成矿理论上的建树和影响,表达怀念、敬慕之情云尔。

1955年毕业于北京地质学院(清华大学地质系、北京大学地质系等合并成立)普查系留校任教、后任中国地震局地质研究所研究员郑剑东撰文——

笔者于1951年考入清华大学地质系,客观地说当时清华大学地质系的教学条件是十分简陋的。地质系设在图书馆3、4楼,没有系馆。学生上课要去化学馆、生物馆。但是地质系拥有多位大师级的教师,如孟宪民、冯景兰、杨遵仪等,他们言传身教,培养了许多著名地质学家,其中有中国科学院和中国工程院院士40多人,如程裕淇(1933届)、武衡(1937届)、池际尚(1939届)、涂光炽(1942届)、常印佛(1952届)。真所谓大学之大非大楼之谓,乃大师之谓也。

三、中国地质学会骨干

2022 年,中国地质学会迎来百年华诞,在学会官网上刊登的纪念文章中,提到了一批百年华诞地质人,其中就包括孟宪民。

孟宪民与中国地质学会有着渊源关系。

中国地质学会的前身为 1909 年在天津成立的中国地学会。1922 年 2 月 3 日,章鸿钊、丁文江、翁文灏、李四光等 26 位学者在北京发起成立中国地质学会,章鸿钊为首任会长,谢家荣为首任秘书长,这是中国最早成立的学术团体之一,为中国地质科技工作者组成的学术性科技社团。

1959 年至今,中国地质学会挂靠在地质部(现自然资源部),受中国科学技术协会及地质部(现自然资源部)党组的双重领导,办事机构设立在地质科学研究院(孟宪民时任副院长)。孟宪民早年加入中国地质学会,一直积极参加学会活动与工作。

他于 1948 年、1949 年、1951 年任中国地质学会候补理事,1952 年、1953 年、1957—1962 年任理事,1962—1969 年任常务理事。1954 年 12 月,他曾代表中国地质学会列席全国政协第二届第一次会议。

中国地质学会创办的学术性刊物有《地质学报》《地质论评》等。

其中,《地质学报》创办于 1922 年,是我国历史最悠久的科技期刊之一。该刊创办时,原名《中国地质学会志》,以英文为主,德、法等文为辅,每年一卷,刊载中国地质学会会员地质调查研究之所得及在学术年会中宣读的论文。《中国地质学会志》共出版 31 卷,至 1952 年更名为《地质学报》,由外文版改为中文版,但连续卷号并附英文目次及英文摘要,由科学出版社出版,国内外公开发行。刊登的内容包括地层、古生物、地史、构造、矿物岩石、矿床地质、地球化学、地球物理、水文地质、工程地质、环境地质、区域地质、海洋地质、深部地质以及地质勘查的新理论、新方法、新技术等地质学的各个领域及其分支学科与边缘学科。

《地质论评》创刊于 1936 年,主要刊载地层学、古生物学、地史学、构造地质学、大地构造学、矿物学、岩石学、地球化学、地球物理学、矿床地质学、水文地质学、工程地质学、环境地质学、区域地质学、地质勘查、地层构造学、矿物岩石学、矿床学、水文工程地质等方面的论文和述评等。

孟宪民于 1938 年、1942—1944 年、1948 年任《地质论评》编辑,1941 年、1945—1947 年、1949 年、1950 年任《中国地质学会志》编辑,1952—1956 年任《地质学报》编辑委员会主任,1957—1962 年任中国地质学会编辑委员会主任,1962—1969 年任学会编辑委员会委员和《地质学报》主编。

根据 1952 年出版的第 32 卷第 1、2 合期《地质学报》得

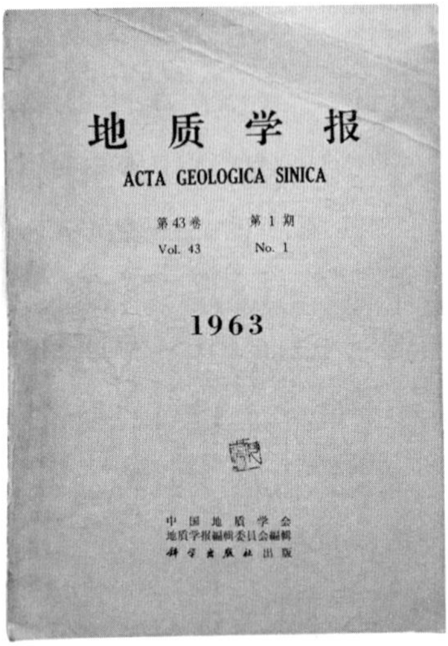

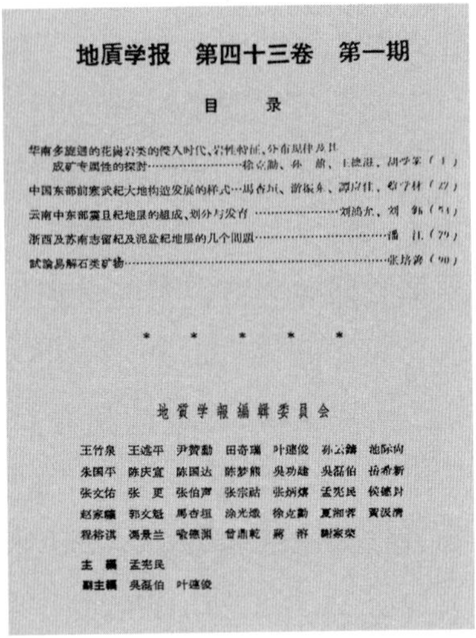

孟宪民担任主编的《地质学报》书影

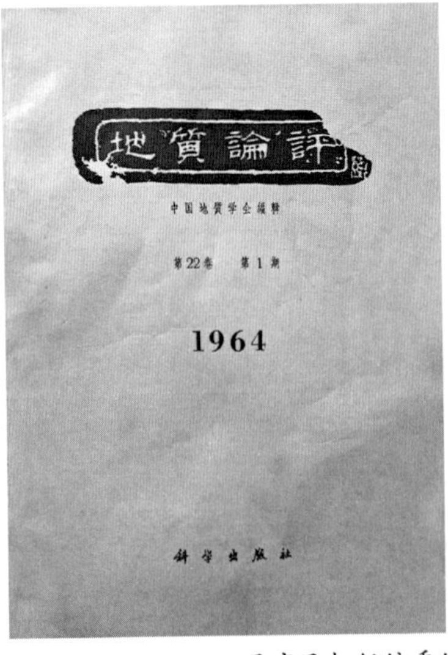

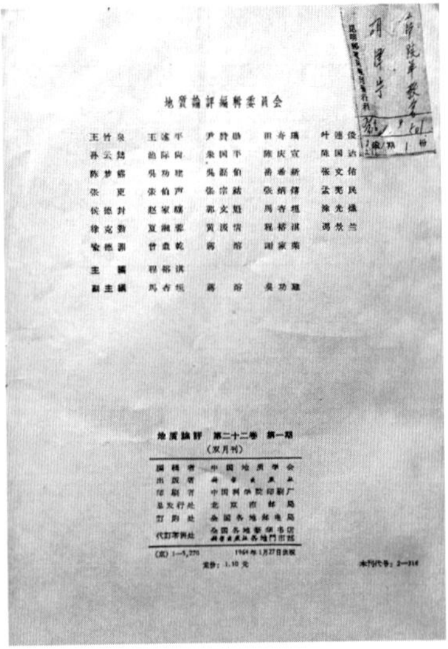

孟宪民担任编委的《地质论评》书影

知，当时的地质学报编辑委员会共 12 人，分别为孟宪民、岳希新、张炳熹、谢家荣、黄汲清、尹赞勋、程裕淇、张文佑、田奇㻞、张更、马杏垣、池际尚。

编辑委员会主任是孟宪民。

从 1963 年出版的第 43 卷第 1 期《地质学报》得知，当时的地质学报编辑委员会增加到 34 人，分别为王竹泉、王述平、尹赞勋、田奇㻞、叶连俊、孙云铸、池际尚、朱国平、陈庆宣、陈国达、陈梦熊、吴功建、吴磊伯、岳希新、张文佑、张更、张伯声、张宗祜、张炳熹、孟宪民、侯德封、赵家骧、郭文魁、马杏垣、涂光炽、徐克勤、夏湘蓉、黄汲清、程裕淇、冯景兰、喻德渊、曾鼎乾、蒋溶、谢家荣。

主编是孟宪民。

《地质学报》编委均为地质界的一流专家，真是人才云集、群英荟萃、阵容强大。孟宪民能长期担任地质界最权威的学术刊物编辑委员会主任及主编，可谓是众望所归。

孟宪民所主编的《地质学报》杂志，刊登的文章水准高、内容丰富、可读性强，特别是在他的努力下扩大了论文篇幅和专业栏目，重视国内外有关专业书刊、报纸评论，积极报道新技术新方法，特别对边缘学科，如星球地质学、遥感地质学、海底火山岩学、古海洋学、古地磁学、深海钻探学以及第四纪沉积及新构造学等进行了大量的介绍和报道，这些都有力地推动了我国地质科学的研究工作，受到了科学界人士的欢迎和好评，发行量节节上升。可惜到了 1966 年，待第 46 卷杂志出版后，被勒令停刊，孟宪民主编的杂志不能再发行，令他痛心，这也是他后来辞世的原因之一。

孟宪民为中国地质事业作出的贡献，中国地质学会没有忘记，1987年，中国地质学会矿床地质专业委员会特设立"谢家荣、孟宪民奖"，来表彰、纪念这两位杰出的科学家。

2022年，庆祝中国地质学会成立100周年暨《地质学报》创刊100周年纪念专刊的封面，刊用了孟宪民等历届主编的照片，以作纪念。

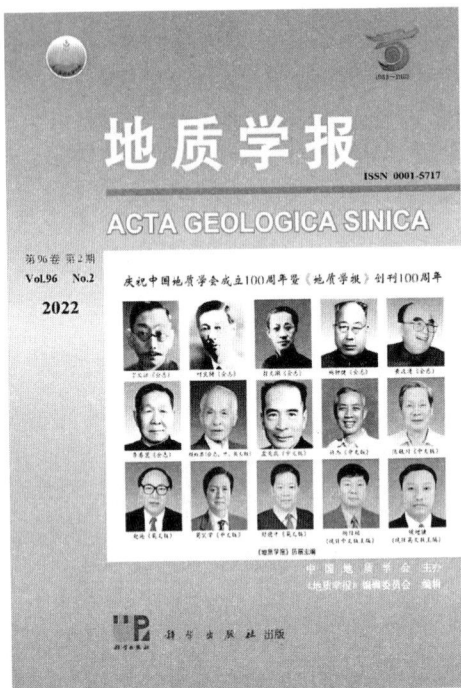

刊登孟宪民像（中间）的《地质学报》创刊100周年纪念专刊书影

第十章
远行者：精神永在人间

县直街

悲剧往往给人深思，但更多的是化悲痛为力量，走完先人未竟的事业。孟宪民的突然离世，是地质学界的重大损失，我们不会忘记孟宪民院士的奋斗精神，他的精神永在人间！

一、正义与邪恶的较量

1966年初，孟宪民与往常一样开始了新一年的工作日程。前一年的丰硕成果，让孟宪民的劲头倍增，对到来的1966年充满着期待。可是，就如同在海上航行一样，风平浪静的背后，往往会暗藏着汹涌的暴风雨。

5月16日，震惊中外的"五一六通知"发布，一场轰轰烈烈的运动如同一波波巨浪排山倒海而来。孟宪民起初并没有清楚地意识到事态的严重性，他一直安慰周边的科研人员："向前看，积极改造我们的世界观。"周围的人们在他的感召

下，在运动的大潮中，努力保持着科研不中断。

6月18日，中国科学院应用地球物理研究所一部分人以院领导组织麦收劳动阻止群众参加"文化大革命"为由挑起事端，在所内非法撬取保险柜，控制通信设备、交通工具，监控保卫干部，称为"应地所事件"。

这件事使许多科学家遭到了不公正批判，令全国科研机构一片哗然。

很快事态严重发展到整个中国科学院系统，科研院所的运动全面铺展开来，无数科研院所的负责人，首当其冲被批判。

接踵而至的是无穷无尽的打击，无数专家学者被打成"白专典型""走资派""反动学术权威"，帽子一个比一个大，性质一个比一个严重，迫害一个比一个残酷。

1967年，在上海"一月风暴"的影响下，北京地区的"革命造反团"等组织，于1月24日召开夺权大会，成立"中国科学

20世纪60年代的中国科学院

院（京区）革命造反派联合夺权委员会"（以下简称"院联夺"），迫使科学院原党政领导部门停止活动。

当日，"院联夺"发表一号通告宣布：撤销中国科学院学部委员会。学部被视为所谓"资产阶级专家路线"的产物，被划为所谓"刘少奇教育黑线"的"阎罗殿"，被彻底砸烂和撤销。

院士本称学部委员，从此，孟宪民等科学家没有了院士的头衔。眼看着蒸蒸日上的科学事业即将化为虚无，孟宪民等焦急万分。

而孟宪民的工作单位地质部机关贴出"反击资产阶级反动路线"的第一张大字报的时间是 1966 年 10 月 13 日。

10 月 29 日，部机关召开了第一次批判资产阶级反动路线大会。

11 月 1 日，部机关召开了十七级以上干部大会，传达中央工作会议精神。

11 月 5 日，部党委、机关党委、"文化大革命"办公室被查封，此后各造反派组织纷纷成立。30 日，有些战斗队贴出了打倒何长工、旷伏兆（地质部副部长、党委副书记）的大字报。至此，地质部机关的"文化大革命"运动开始逐步升级。

1967 年 1 月 16 日，造反派夺取了地质部党、政、财、文大权，将地质部党政主要负责人非法拘禁。

孟宪民作为地质部地质科学研究院的副院长，难逃此劫，未能幸免。他的工作与教学被打断了。

与此同时，孟宪民等学部委员几乎无一例外地遭到批判。由孟宪民担任常务理事的中国地质学会停止学术活动；他主

编的《地质学报》停刊；他的好几位学生竟然被送到部队农场劳动……他毕生的精力与心血，就这样被否定了。

孟宪民按捺不住满心的怒火，这时他的刚烈性子又上来了。他来到案头，开始奋笔疾书，嘴里大吼道："你贴你的大字报，我发我的小字报！"

没过几天，大家发现别人发"文化大革命"传单，而孟宪民发的是学术传单，他仍在疾呼矿床同生说，他愿用自己微弱的身躯与邪恶较量。

许多有良知的人，被孟宪民的坚持深深感动，对于孟宪民的勇气刮目相看。

二、最后的日子

孟宪民的努力，却被不怀好意的人盯上了，他们散出风来说，孟宪民在兜售私货、放暗箭。还说，孟宪民曾经在美国留过学，在国民政府任过职，是特务之类。

真是"欲加之罪，何患无辞"。孟宪民再一次被卷入了旋涡之中，他被安上了"白专典型""资产阶级学术权威""美蒋特务"等莫须有的罪名，游街示众。

夜深人静的时候，当他拖着疲惫的身躯回到家中，对着等待的亲人，掩面大哭："我可从来没有做对不起党和人民的事呀，我一身坦坦荡荡，清清白白呀！"

他最后还被非法看管了起来，失去了自由，与家人很难见面。然而，他一直挂念着祖国的地矿事业，也为科研工作的阻断扼腕叹息。但是，他只能坐在房间里每天无止境地写着交代材料。他嘴里不断地说着："我是忠于党，忠于毛主席的。"

每当看到墙上挂着的毛主席像，他都再次有了信心与力量，他坚信乌云遮不了太阳！是的，永远不会！

但晴日前的暴风骤雨往往更加猛烈，造反派们对于孟宪民的折磨更加变本加厉，孟宪民一次次与他们进行了有力的抗争，但最终，孟宪民的身体已经严重疲惫，无法抵抗这种巨

大的折磨，一位巨人的身躯垮塌了。

1969年2月18日，大年初二，万念俱灰的孟宪民，在没人注意的情况下，独自走到了窗台，他的眼前，浮现着当年的往事：成功与失败、欢乐与悲伤、平坦与坎坷，妻儿的笑颜、母亲的召唤、姐姐的抚慰，在他的眼前逐渐变得模糊，他的身躯开始慢慢向前倾斜，渐渐地从楼上坠落下来。

此时此刻，万籁俱寂，世界似乎也静止了，那迸出的鲜血，如同绽开的鲜红之花，致敬这位科学的大师，遥远的地方，似乎传来了悲壮的歌声……

也是在那一年，大洋彼岸的美国，阿波罗登月计划载着3名宇航员，成功登上月球，人类文明向着未来伸出了拥抱的双手……

三、平反昭雪，天地昭昭

1976 年，注定了是极不平凡的一年，周恩来、朱德、毛泽东三位领袖陆续离开人世，唐山大地震再次让人们意识到尊重科学、地质学的重要性。10 月，在党和人民的共同努力下，一举粉碎了"四人帮"，全国人民欢庆着胜利的到来，十年的悲痛经历终于迎来了终点。

与此同时，拨乱反正、平反冤假错案也逐步提上议事日程。胡耀邦同志开始主持中央组织部日常工作，全面负责平反工作，全国上下为之一振。无数的申诉材料如同雪花般飞向中组部的信箱，其中也包括与孟宪民有关的材料。

孟宪民的平反工作，在科研系统中显得格外重要，无数老同志也坚信他们所热爱的孟院长经得起考验。经过平反工作小组的走访调查，情况的来龙去脉逐步显得非常清晰，大家一致认为，给孟宪民平反的条件已经非常成熟，对于科学界拨乱反正、平反冤假错案具有代表性意义。

1978 年夏天，受中共中央组织部、国家计划委员会地质总局和中国科学院党委委托，地质科学研究院正式向孟宪民的家属通报了关于为孟宪民同志平反的决定。地质科学研究院的老同志、孟宪民的家属与学生们，难掩多年的委屈与悲

孟宪民骨灰安葬于八宝山革命公墓

伤,流下了欣慰的眼泪。

与此同时,由中国科学院和有关部门出面,非常隆重地迎回了流落在外的孟宪民的骨灰盒,在八宝山革命公墓礼堂隆重召开了孟宪民同志追悼大会。

灵堂里,庄严肃穆,哀乐低回,灵堂上方横幅黑底白字写着:"孟宪民同志永垂不朽",正中悬挂着孟宪民的黑白遗像,照片中的孟宪民似乎依旧微笑着面对前方,依旧活在大家身边。下方的桌台上,安放着孟宪民的骨灰盒,上面覆盖着鲜艳的中国共产党党旗。

大家向孟宪民的骨灰盒三鞠躬,在阵阵哀乐声中,现场的人们早已泣不成声,这一刻,人们苦苦等待了近10年;这一刻,人们心中难以解开的心结终于打开;这一刻,一位科学巨匠终于可以安息了。

四、一颗永远的香花石

孟宪民走了，但是他的学术精神没有走，他开创的矿床同生论没有湮灭。在他去世后 10 余年，迎来了我国同生和层控矿床研究发展的黄金时期，成为我国矿床同生学派著述最丰的时期。他的学术思想在传承中发展，一项项令世人瞩目的成果推动着中国地质科学事业的进步。

1987 年，中国地质学会矿床地质专业委员会为了表彰谢家荣、孟宪民两位科学家为发展我国矿床地质事业所作出的杰出贡献和为推动我国矿床地质工作的发展，经讨论通过，设立"谢家荣、孟宪民奖"，具体内容及实施办法如下。

第一条　为纪念我国著名矿床地质学家谢家荣、孟宪民先生在生前为发展我国矿床地质事业所作出的杰出贡献和为推动我国矿床地质工作的发展，鼓励中青年矿床地质工作者创造性地工作，为国民经济建设服务，提出具有实际应用价值，在学术上达到国内外先进水平的矿床地质科研成果。根据第二届矿床地质专业委员会第一次会议的决定，设立"谢家荣、孟宪民奖"（以下简称本奖）。

第二条　本奖是一种荣誉奖，由矿床地质专业委员会颁发荣誉证书。授予在矿床地质研究方面作出了卓越贡献，取

得优异成绩的中青年矿床地质工作者个人或集体（只限于 5 人以内的科研成果主要完成者）。授奖者名单和获奖事项将在本会《矿床地质》和有关杂志上发布。

第三条　凡是中华人民共和国公民，从事矿床地质工作，年龄不超过 55 周岁的矿床地质工作者，均可申请本奖（以申请授奖者当年的 1 月 1 日不满 55 周岁计算）。其评奖条件是：1.在矿床地质研究方面，提出有关新的矿床类型并有相应的实验研究和论述资料、研究报告；2.在矿床地质研究方面，发表的论著具有新见解、新理论，对矿产普查勘探、矿山开采确能起到重要指导作用的；3.研究成果是近期的,属五年以内的科研成果。

第四条　本奖,在召开每届全国矿床会议的头一年进行评奖工作,与筹备每届全国矿床会议同步进行。评奖名额,第一次初步定为 10 名。在召开全国矿床会议上举行授奖仪式,由矿床地质专业委员会主任委员或委托代表授奖。同时,矿床地质专业委员会将获奖者名单及其有关学术成就书面通知获奖者所在单位,并在《矿床地质》杂志上选择报道。

第五条　本奖,设立评奖委员会,由每届矿床地质专业委员会的常委组成,负责评奖工作。主任委员为评奖委员会主任委员,副主任委员为评奖委员会副主任委员,委员为矿床地质专业委员会常务委员,正副秘书长承担评奖委员会日常工作。评奖委员会任期与每届矿床地质专业委员会任期相同。

第六条　申请、评议程序:先由本人申请,并须有从事矿床地质工作的两名高级工程师或副研究员（或相当技术职称的专家)推荐,于评奖当年 3 月 15 日以前向矿床地质专业委员会秘书组送交"谢家荣、孟宪民奖"申请书和相应的技术材料及推荐人的书面意见,各一式五份。不论评选结果如何,不退还材料。评奖委员会,将申请材料请有关专家分别评议或委托专业学组组织评议写出初评意见。然后,评奖委员会在初评基础上召开全体会议评议。采取不记名投票方式表决,并以到会委员三分之二的多数通过,方可有效。评奖委员会如认为有必要,届时还可邀请有关专家参加评议。

第七条 评奖委员会委员在任期内不参与申请,也不参与申请人的推荐活动。

第八条 评奖委员会的工作和讨论表决的情况以及对申请人提交的技术材料进行评议的评议者名单和评审意见,自始至终是保密的。所有参与评议的委员、专家和工作人员都应自觉遵守,并负有道义和科学道德上的责任。

第九条 本办法自公布之日起施行。其未尽事宜由矿床地质专业委员会常委会议通过修改。

第十条 本办法的解释权为矿床地质专业委员会常委会议。

1988 年,孟宪民的学生黄蕴慧在湖南香花岭含铍条纹岩中发现了一种新的含 Sn 和 Al 矿物,并将它命名为孟宪民石(Mengxianminite)。之后,浙江大学地球科学学院教授饶灿、比利时科学家 Hatert F、Dal Bo F 在对湖南香花岭含铍条纹岩进行研究过程中,发现了类似的含 Sn 矿物,它们的化学成分和晶

56 　　　　　　　矿　床　地　质　　　　　　　1984年

sits, EW-trending structural belt the sedimentary-exotic authineomorphic type ones, and NW-and NE-trending structural belt the sedimentary-magmatic hydrothermal superimposition type ones. Besides, the surface of unconformity above Cambrian sediments dominates the distribution of the conglomeratic lead-zinc deposits of sedimentary-transformation type.

　　Sedimentary-transformation type lead-zinc deposits are distributed in central Guangxi, sedimentary-authineomorphism type ones in southwest Guangxi, and sedimentary-magmatic hydrothermal superimposition type ones in west, east, and southeast Guangxi.

消息报导

矿床地质研究所决定出专刊纪念
已故著名矿床地质学家——谢家荣、孟宪民先生

　　已故谢家荣、孟宪民两位先生是我国地质界的前辈，国内外著名的地质学家。为了纪念和表彰他们对我国地质事业做出的卓越贡献，我所决定给他们出纪念专刊。专刊以所刊专号形式公开出版。专刊的主要内容将包括：谢、孟两位先生的代表作、遗著、手稿、纪念性文章。

（谢家荣、孟宪民先生专刊筹备组）

1984年《矿床地质》出版谢家荣、孟宪民先生纪念专刊启示

体结构相似，且均产于香花岭含铍条纹岩的香花石脉中，故属于同一种矿物。经单晶结构分析，该矿物为含 Be 和Sn 的硼酸盐矿物，他们向 IMA-CNMNC 申报新矿物孟宪民石，于2015年12月获批准，国际矿物学会编号为 IMA NO.2015–070，国家博物馆藏馆号为 M13293。孟宪民石为第一个含 Be 和Sn 的硼酸盐矿物，其理想化学式为$(Ca,Na)_2Sn_2(MgFe)_3Al_8[(BO_3)(BeO_4)O_6]_2$；属于斜方晶系；空间群为 Fdd2；晶胞参数:a=60.689,b=

9.907，c=5.740，V=3451.0A^3，Z=8；密度为 4.17g/cm^{-3}。

1989 年 9 月 12—16 日，由中国地质学会主办、中国地质科学院矿产资源研究所等协办，在青海省西宁市召开的第四届全国矿床会议上，举行了谢家荣、孟宪民、冯景兰学术思想研讨会。

2014 年 8 月，为了纪念孟宪民，并传承人文历史，在作者与常州文史专家薛焕炳的共同呼吁下，常州市民政局区划地名处恢复了孟宪民曾经居住过的乌龙庵街巷的老地名。

孟宪民得到了国家权威机构和著名科学家们实至名归的赞誉——

"孟宪民为中国的地质事业作出了不可磨灭的贡献，为中国矿业的发展立下了不朽的功勋，为中国社会主义建设立下了汗马功劳。"（中国地质调查局评）

"孟宪民是我国矿床地质学研究的先行者之一。好强与刚烈的性格，体现在地学研究上——就是一生的热情和执着。他矢志不渝的精神，是我们学习的榜样！"（中国地质学会评）

"孟宪民是中国地质界的前辈，对中国地质事业作出了卓越贡献。"（《矿床地质》编委会评）

"他（孟宪民）是中国层控矿床研究的先驱，是中国矿床地质学研究的先行者之一。"（《中国科学报》评）

"孟宪民是中国著名的矿床学家,在国际矿床学界久负盛名。"(中国科学院院士、地质学家程裕淇评)

中国书法家协会顾问张飙《鹧鸪天·致敬缅怀地质学家孟宪民院士》词曰:百种稀金隐万山,勘岩探宝苦寻源。双足踏遍千荒岭,成矿同生释秘玄。　破旧论,立新元,敢持真理逆风帆。慧穿亘古融华野,心炬长燃映碧天。

一颗永远的香花石,光耀人间。

化龙巷

附录一　孟宪民年表

1900 年

2 月 2 日,生于江苏常州。父亲孟进,担任书记员,替人誊抄文件。母亲孟常贞。姐姐孟静宝,大他 5 岁。

1905 年

就读于家乡私塾。

1908 年

就读于武汉四明小学。

1914 年

考入武昌文华学校。

1918 年

考入北平清华学校(今清华大学)高等科。

1919 年

参加"五四运动"。

1922 年

毕业于清华学校。留学美国科罗拉多矿业学校。

1924 年

毕业于美国科罗拉多矿业学校。到美国蒙大拿州标特铜矿参观考察。

1925 年

重回美国科罗拉多矿业学校,获工程师称号,在该州虎城铅锌矿实习。

1926 年

考入美国马萨诸塞州理工学院研究生班,受教于矿床学大师 W.林格仑。

1927 年

获美国马萨诸塞州理工学院硕士学位后回国。

1928 年

任中央研究院地质研究所首批研究员。赴鄂北调查地质矿产。

1929—1933 年

赴浙江绍兴、诸暨、萧山、嵊县、青田、昌化,安徽芜湖、繁昌、铜陵、宣城及湖南临武、常宁等地调查地质矿产,撰写发表多篇研究报告。

1932 年

11 月中旬,李四光、孟宪民、李捷、朱森、张更、李毓尧、丘捷等赴湘桂考察南岭地质构造。

1934 年

偕同实业部地质调查所陈恺赴云南调查个旧锡矿。

1935 年

参加中缅边界南未定界线勘察。

1937 年

任经济部资源委员会锡矿勘探队队长(后改为经济部资源委员会锡矿工程处主任),赴云南勘探锡矿。

1939 年

偕陈恺调查茂隆银厂。

1941 年

受平桂矿务局聘请勘察富贺钟一带地质矿产,尔后赴平桂矿区进行考察。

1942 年

赴云南东川等地进行铜矿调查。同年,受聘于云南大学矿冶系任教,直至 1947 年。兼任云南大学工学院院长。

1946—1952 年

任清华大学地学系教授、采矿系主任。

1947 年

至次年 10 月,与舒全安、马旭辉等人再受平桂局聘请,对平头山一带进行地质调查,并发表《广西钟山平头山锡矿地质》报告。

1950 年

积极声援抗美援朝。

1952 年

参与筹建地质部，初任地矿组（即后来的地质矿产司）组长，不久正式任地质矿产司副司长。同年，带领莫柱孙等在鄂东阳新大冶一带进行铜矿普查；与王逸群、李华等再赴云南东川铜矿勘查。

1952—1956 年

任《地质学报》编辑委员会主任。

1954 年

列席全国政协第二届第一次会议。同年，将香花岭锡矿地质与美国新墨西哥州含铍矽卡岩对比，指出在香花岭有可能发现条纹岩型铍矿。

1955 年

当选中国科学院第一批学部委员（院士）。

1956 年

列席全国政协第二届第二次全体会议。同年，任地质部矿物原料研究所副所长、后任所长，加入中国共产党。

1957 年

率黄蕴慧、杜绍华等再次考察香花岭，发现香花石。同年，任中国科学院地学部第二届常务委员会委员。并任中国地质学会编辑委员会主任。

1959 年

任地质部地质科学研究院副院长、院党委委员兼成岩成矿研究室主任。

1960 年

任中国科学院地学部第三届常务委员会委员。赴海南视察。

1962 年

参加由国家科委主持召开的关于编制国家科技发展长远规划会议。

1962—1969 年

任中国地质学会常务理事、学会编辑委员会委员和《地质学报》主编。

1963 年

第三次到云南东川铜矿考察。同年，关于矿床同生成因的研究成果发表，这是第一次在中国正式举起矿床同生学说的大旗。

1964 年

被云南省提名，当选为第三届全国人大代表。同年，代表中国科协率团访问巴基斯坦和斯里兰卡。赴广东视察。

1965 年

倡议、组织、参加安徽黄山花岗岩讨论会。同年，领导和组织长江中下游铜、铁矿的找矿研究。

1966 年

担任主编的《地质学报》停刊。

1967 年

因病住院治疗期间，仍然念念不忘同生成矿学说。

1969 年

2 月 18 日，在北京逝世。

1978 年

骨灰安葬于八宝山革命公墓。

1987 年

中国地质学会矿床地质专业委员会为纪念谢家荣、孟宪民两位科学家,设立"谢家荣、孟宪民奖"。

1988 年

孟宪民的学生黄蕴慧在湖南香花岭含铍条纹岩中发现了一种新的含 Sn 和 Al 矿物,并将它命名为孟宪民石(Mengxianminite)。之后,浙江大学地球科学学院教授饶灿、比利时科学家 Hatert F、Dal Bo F 在对湖南香花岭含铍条纹岩进行研究过程中,发现了类似的含 Sn 矿物,它们的化学成分和晶体结构相似,且均产于香花岭含铍条纹岩的香花石脉中,他们向 IMA-CNMNC 申报新矿物孟宪民石,于 2015 年 12 月获批准。

附录二　孟宪民主要论著目录

1929 年

《锡矿矿床之地质研究》,《中华矿学社矿业周报》第 1 集（第 1—24 号）

《湖北南漳当阳远安等县之煤田地质》,《中央研究院地质研究所集刊》第 8 号

1930 年

《浙江绍兴诸暨萧山嵊县等处及璜山附近铅锌矿床之成因》,《Mem.Inst.Geol.No.10 中央研究院地质研究所集刊》第 10 号

《浙江诸暨璜山附近铅锌矿床成因之研究》,《中央研究院 18 年度总报告》

1931 年

《中国古生物植物化石》,《中央研究院 19 年度总报告》

《安徽铜陵县叶山附近之地质概要》,《中央研究院 19 年度总报告》

《安徽铜陵县铜官山铁矿储量之新估计》,《中央研究院19年度总报告》

《安徽宣城县水东附近之逆掩断层》,《中央研究院19年度总报告》

《芜湖繁昌地质矿产简报》,《中央研究院19年度总报告》

《浙江昌化县泥鳅垄之闪锰矿》,《中央研究院19年度总报告》

《浙江昌化矿产调查简报》,《中央研究院19年度总报告》

《浙江绍兴及其邻近地区地质》,《中央研究院地质研究所集刊》第2号,1931

1933 年

《浙江昌化闪锰矿报告(节要)》,《中央研究院地质研究所丛刊》第4号C集

《浙江青田石坪庄辉钼矿石英脉》,《中央研究院地质研究所丛刊》第4号D集

《安徽铜陵铜官山磁铁矿床》,《中央研究院地质研究所地质丛刊》第4号A集

1935 年

《湖南临武香花岭锡矿地质(和张更合著)》,《中央研究院地质研究所集刊》第15号(乙)

《湖南水口山铅锌矿矿物的沉积顺序》,《中央研究院地质研究所集刊》第15号

1936 年

《云南个旧地质述略》,《地质论评》第 1 卷第 3 期

1937 年

《云南个旧锡矿地质述略(和陈恺、何塘合著)》,《中国地质学会志》第 16 卷

《云南矿产种类述略》,《地质论评》第 2 卷第 3 期

《中国之锡矿(节要)》,《中国地质学会志》第 17 卷第 3—4 期

1938 年

《云南个旧锡矿区地质说明》,《经济部矿冶研究所矿冶》第 1 卷第 8 期

1941 年

《云南之锡》,《资源委员会季刊》第 1 卷第 2 期

1942 年

《广西修仁象县矿产调查报告》存全国地质资料局

1943 年

《矿山铅锌厂观感(讲词)》,《云南矿冶通讯》第 1 期

Microchemical methods for the determination of minerals Kunming, China, p.89

1946 年

《云南高原之几种构造现象(节要)》,《地质论评》第 11 卷第 5—6 期

《矿物鉴定(节要)》,《地质评论》第 11 卷第 5—6 期

1947 年

The beaaring of regional tectonics on ore-deposition《清华大学科学报告》第 3 种,《地质地理气象》第 1 卷第 2 期

1948 年

Note on the mineral meneghinite of Pingtoushan Chungshan Kuangsi《清华大学科学报告》第 3 种,《地质地理气象》第 1 卷第 3 期

《云南东川地质》,《中央研究院地质研究所集刊》第 17 号

1949 年

《云南个旧湖南宜章安源广西钟山平头山锡矿观察志略(节要)》,《科学》第 31 卷第 1 期

1950 年

《辽东省庄河县芙蓉铜矿》,《地质论评》第 15 卷第 1—3 期

《中国矿产现况》,《科学大众》第 7 卷第 4 期

1951 年

《从地质研究看金属矿床生成的规律》,《自然科学》第 1 卷第 2 期,《国防知识科学特辑》第 1 卷第 20 期

1952 年

《微量化学的矿物鉴定法(和李秉伦合著)》,《地质学报》第 32 卷第 1—2 期

《对有色金属矿床生成规律的体会》,《地质学报》第 22 卷第 3 期

1953 年

《中国铜矿分布的情况及其勘探方向》,《地质学报》第 33 卷第 1 期,《科学通报》4 月号

1954 年

《有色金属矿床勘探 1953 年工作总结及 1954 年任务》,《地质部 1954 年有色金属专业会业特辑》

1955 年

《矽卡岩的找矿意义》,《地质学报》第 35 卷第 1 期

《中国铅锌矿床已知的地质情况及其远景》,《地质部 1955 年地质会议文献汇编》

1957 年

《云南东北及东南部的第四纪运动现象》,《中国科学院第一次新构造运动座谈会发言记录》

《从华南金属矿床的分布论及地壳中某些有用元素分散的规律》,《地质学报》第 37 卷第 1 期

1958 年

《花岗岩成因的争论》,《中国地质学会会讯》第 12 期第 55—56 页

《评论稀有及分散元素的地球化学及找矿方向》,《地质月刊》第 1 期

《中国锆锌矿床的工业类型及其找矿方向》,《1958 年第一届全国矿产会议文献汇编（第 3 辑有色金属矿床）》上集地质出版社

1959 年

《有色金属矿产地质学(和涂光炽合著)》科学出版社(10 年来的中国科学 地质学)

1962 年

《铌钽的经济地质》,《地质快报》第 24 期

The problem of genesis and classification of ore deposits Scientia SinicaVol.11, No.6, pp.837—858

1963 年

《矿床的成因与找矿》,《科学通报》1 月号

《矿床分类与找矿方向(矿床学论文集)》,科学出版社

1964 年

《碳酸盐岩中的碳硅石》,《地质论评》第 22 卷第 4 期

《矿床同生说译文选集》,中国工业出版社

《略论沉积旋回与找矿的关系》,《中南地质科技简报》第 5 期

1965 年

《关于花岗岩的安放问题》,《地质论评》第 23 卷第 5 期

On the emplacement of granite Scientia Sinica, Vo1.14, No.8,pp.1205—1211

On the relation of oil-bearing strata to stratigraphic unconformities Scientia Sinica, Vol. 14, No.1, pp. 152—156

some consideration on the relation of oil-bearing strata to stratigraphic unconformities,Ministry of Geology,China

《花岗岩的产状及其产生时代的对比问题(打印稿)》

1966 年

《某些金属矿的找矿方向和方法的初步经验》,《地质论评》第 24 卷第 1 期

附录三　孟宪民部分文稿辑存

一、云南个旧锡矿地质述略

1. 概　　述

个旧锡矿为我国最大的产锡区,尽管许多专家学者对其进行过考察,但对于矿山地质情况还不太清楚。Collins[1]与Draper[2]在个旧作了一些有益的研究,但是其工作主要限于矿石开采、选矿与冶炼方法上等方面的研究,丁文江[3]、朱庭祜及王曰伦亦仅进行过该区的路线检查,在短期地质路线检查中并未更多地解释个旧地质的奥妙。因此,阐明一个重要矿区的地质问题的必要性也是很明显的。本文主要内容是关于该区地形、地质特征及矿物特征的概略论述,而详细的论述留待较专门性的文章中去讨论。

个旧城位于海拔 1650 米,东经 106°4′,北纬 23°21′30″之云南南部[4]昆明—海防铁路、在碧色寨处于窄轨(60 公里)铁路相连接,该窄轨铁路长 70 公里。

在主要的采矿区内,出露的岩石主要为三叠纪个旧石灰岩。该灰岩地区具有被称作喀斯特地形所具有的水系和地形类型。这里典型的地形有：(1)河流流入地下而且在另一地点流出；(2)具有一定数量的圆锥形小丘的起伏地形；(3)圆锥下沉坑；(4)洞穴；(5)涌泉；(6)盲谷或孤盆地。

当一个考察者接近蒙自盆地时，首先感到惊奇的是，在平原西部突然出现一座巍峨的高山。这座高山即为著名的个旧锡矿山。繁忙的锡矿采场就坐落在山顶上。锡矿山地形面向蒙自盆地一侧，形成一平直、险峻的马头丘，走向呈北西向，地形上由高程 1300 米的平原上升到 2750 米的高原，平距仅 3.5 公里，地形坡度大致为 22°22′。最陡的部分，可在 2 公里范围内高程由 1400 米升高到 2540 米，其坡度为 31°48′。该种巨大的险峻的马头丘是云南省明显地表特征之一。马头丘山顶出现典型的喀斯特高原。该高原上分布有许多圆锥形小丘或"灰岩残丘"。经过开采或风化，在沟壑中显露出深部杂岩体，在喀斯特地形中这一个特点被描述叫作"石灰岩沟"。下沉坑、孤盆地、大洞穴以及盲谷为该高原的另一喀斯特地形特征。在高原上泉及渗透水仅见于石灰岩与花岗岩的接触处。自采矿中心横穿高原，在其宽约 10 公里、面向个旧城东坡处可见到另一陡峻的马头丘，但对于蒙自平原来说，不如前一种那么高耸、挺拔。在马头丘山脚，个旧城见有一些近南北走向的纵向盲谷。沿着这个方向，这些盲谷、下沉坑、孤盆地与更远的斗姆阁相连接，而高原的马头丘则形成挂在这一连串的盲谷、孤盆地等之上南北向的陡望。个旧的西部由蒙冲山、扇形山及请庭山三个山组成。前两座山或

多或少地见到一些圆锥形小丘或"灰岩残丘"。该区花岗岩、页岩和个旧灰岩一样是出露的主要岩石。个旧灰岩呈薄层产出。个旧城附近的页岩常为块状岩石所代替。这里喀斯特现象并不明显,因此,水系属正常水系。

2. 地　　层

在矿山开采区内,地层并不复杂。事实上由于个旧灰岩的重复出现,野外地质学家搞清个旧的地质构造是极其困难的。为了阐明个旧地层,必须对矿区外围区域上的个旧灰岩的上覆与下伏的各种地层进行研究。下述为作者所研究之云南南部地层层序的主要见解。

前震旦纪结晶岩石

该组岩石包括眼球状片麻岩、副片麻岩(该类片麻岩有时为时代新的花岗岩所侵入)及各种片岩类,为本区最老的岩石而且为其他新的各个时代地层所完全不整合。

在红河地区,分布有含浅色石英条带与暗色黑云母或角闪石条带的副片麻岩。另外,在小河堤以及在邻近元江城向南到勐班及更远的地区亦见有该岩石的分布。片岩走向通常为北西向,片理倾向北东,倾角陡,近于直立。片麻岩的颜色主要地取决于是浅色的石英条带,抑或是暗色黑云母或角闪石条带的多寡。片麻岩由个旧的勐班经元江向北西延展,组成哀牢山山脉。该区域属红河与墨江流域,亦即由把边江及阿墨江所组成。在片麻岩与上覆轻微变质岩石中往往见有薄层云母片岩、绿泥石片岩等。

沿无量山西坡见有类似于红河盆地中所见到的片麻岩。该片麻岩中同样地见有薄层云母片岩、绿泥石片岩等。在云县和顺宁邻近见有眼球状片麻岩和包含时代较新的花岗岩组成的各种片岩，实际上它们为无量山杂岩体的西延部分。

不整合在片麻岩及片岩之上的是一套轻微变质的、由千枚岩、板岩、石英片岩及杂色砂岩（多数为紫红色）所组成的岩系，其中常常夹有石灰岩透镜体，其厚度可达数千米。在墨江、石屏地区沿哀牢山的东南翼和沿无量山的东坡此岩系特别厚。但是，该岩系在金洞到云县方向的区域内仅局部出露。该岩系中的一部分属于 Brown[5] 的"Kaoliang"岩系。此变质岩系的时代可能与阿尔冈纪（元古代）的五台系相当。

震旦系

主要为板岩及千枚岩，上覆地层由页岩、泥质岩和松散的灰色、白色、紫色、红色以及黄色的砂岩所组成。它是一组未变质的沉积岩岩石。邻近石屏墨江出露该类岩石，而且常常为三叠纪红层所覆盖。由于两类岩石相类似且不含化石，因此区分两类岩石是极困难的。而"Kaoliang"岩系中绝大部分岩石属于该类岩石。岩层厚度相当大。

下古生代岩石

作者横穿研究区，未见有寒武系、奥陶系、志留系出露。实际上在已有的地质图中，有一部分震旦系可能属于寒武系或志留系。

泥盆系

建水盆地中周围比较低的石灰岩小山富含化石，建水以

东约 10 公里处的某些地层中以及铁路沿线所铺碎石中见有网格鹗头贝化石。在建水城东南方向的大北窖口石灰岩中亦见有大量苔藓虫、刺毛珊瑚及简单珊瑚。该灰岩岩系时代,为中泥盆世,岩系下部为深蓝色,上部为浅灰色。它亦发现在与马平灰岩接触的断层中,因此,上泥盆世灰岩并未出露。在中泥盆世灰岩以下,出露厚度 10 米以上的一些砂岩可能相当于南岭地区的莲花山砂岩。到目前为止,在研究的该区内仅见有孤立的泥盆系灰岩产出,分布于建水盆地到石屏附近的区域内。

杜内阶岩石

石屏城北部,在灰岩马头丘的中心部分找到一些假乌拉珊瑚属。含标准杜内阶化石的灰岩与泥盆纪不含化石的灰岩部分为不整合的接触。维宪组岩石沿目前所穿越的路线并没有发现。它们主要产在建水城的北部。

二叠系

二叠系岩石为白色、细粒结晶灰岩,分布于普洱城西部灰岩小山。在马平灰岩底部含有纺锤䗴属化石。一些相当大的分喙石燕贝属化石是在小的腕足动物的共生组合中发现的。这些灰岩往往位于三叠系含盐红层之下。仅在普洱区,由于对上覆地层的贯穿作用而形成奇异山峰及马头丘地形。

在由普洱城到石高井的路上,发现岩层中富含大的纺锤䗴属化石。这些岩石层属于二叠系较高层位的岩层。灰岩为深蓝色至暗灰色而且通常很紧密。从娄树洞到建水东南见有相当于船山灰岩或马平灰岩所特有的含纺锤䗴属化石的乌拉尔阶的白中带粉红色调的纯灰岩。

三叠系

三叠系为云南中部出露的最主要的岩系。有两种不同的岩相：一种为含钙质的岩相，在个旧到红河的东北岸构成一狭长条带状高原。站在高原上鸟瞰本区：在北部是石屏和建水盆地，在南西部红河河谷的上方有高耸峻峭的马头丘，在东部与蒙自盆地相毗邻。该灰岩厚度巨大，达 1500—2000米。上部为致密厚层状，下部为薄层状灰岩与页岩，是著名的个旧锡矿床的储矿围岩。另一种岩相是由一组含盐、石膏层的粗砂岩及页岩所组成的所谓的红色岩系。岩系中紫红色或绿色页岩最常见。该类岩石在沿云南弧中部分布，其厚度达数千米。在红层中局部见有灰岩透镜体夹层。

无论在个旧灰岩还是红层之下，通常见有一层厚 50—100米砾岩层。在红层的底部有时见有砾岩层。故火山喷发可能仅限于二叠纪范围内，通常剥蚀作用可延续到三叠纪的初期。

三叠系岩石往往不含化石，但在岩相上可与扬子地区的青龙灰岩及潘洞岩系相对比。

沿普洱到金洞一线，发现多处著名的三叠系含煤层。

三叠系地层上、下均与其他时代地层呈角度不整合的接触。

瑞替克—里阿斯层（火把冲煤系）

在个旧地区，个旧灰岩之上为不整合含煤层岩系覆盖。该岩系由细粒砂岩、黑色致密板岩、石英岩、黄色易脆页岩及松散的细泥质层所组成。整个岩层厚度 1000 米，其中含少量

透镜状煤层。煤层厚度小于 1 米,夹于该岩系顶部层中。火把冲煤系分布于个旧城的西南,长约 15 公里,煤层之上、下往往见炭质页岩及砾岩层,与其直接接触。在黏土层及靠近煤层的页岩中有瓣鳃纲化石(许杰先生鉴定其中一些为放射褶翅蛤属,差棱褶翅蛤、腘蛤)以及不完整的头足纲类化石。在煤层下伏之炭质页岩中见有植物残骸,以拟木贼为主。

晚第三纪岩石(木花果岩系)

该岩系与 Brown[⑥]的"Nantiea"岩系相当。个旧城西南约 25 公里的木花果剖面,由下向上顺序为:(1)基底砾岩,主要由灰岩的细砾与巨砾组成,大约厚 300 米;(2)高度扭曲的易剥裂的黄色、灰色页岩,厚度约 40 米;(3)灰岩角砾岩,厚度 20 米;(4)砂质页岩及黄色粗砂岩,厚 150 米。在粗砂岩中见有保存极佳的植物化石,斯行健博士鉴定为山毛榉属及栎树。

在个旧西北方向的建水盆地的北部出露一黏土层,厚50 米,由细粒黏土及一些固结松散的粗砂组成,常为安山岩的强烈风化的产物。有一层褐煤夹在泥质岩中,也有一些夹在粗砂质层中。

沿昆明—海防铁路,在开远城西北方向的小龙潭车站,再次出现在木花果所见到的粗砂岩。砂岩下面为黏土层及厚的褐煤层。该褐煤层至少厚 30 米。褐煤的基底未被揭露。粗砂质黏土层之上往往为薄层的泥灰岩,其中含淡水瓣鳃纲及腹足纲化石。后者经许杰先生鉴定是豆螺。煤矿工人曾发现一些牙齿化石,经杨钟健博士鉴定为斯氏弓颌猪的牙齿。它们可能产于泥灰岩中,故暂定为木花果岩系,其中也见有植物残骸。该岩系为第三纪、始新世的河湖相或湖相沉积,类似于广西的邕宁岩系。

近代冲积与残积层

沿红河、把边江和湄公河谷及其流域,常常形成现代河流阶地,这河流阶地由平缓的黏土条带夹杂有细的砂质层和砾岩层组成。围绕个旧、建水、石屏等周围湖区,有厚的冲积层及残积层,是孤立盆地或盲谷沉积,在个旧地区,该沉积物中含锡石砂矿。

3. 地质特征

个旧锡矿区作为一个整体可以看成为一个喀斯特高原。它位于靠近蒙自盆地的马头丘断层的东部和东北部、石屏—建水盆地北部和西北部,以及红河断层的西南部。在所研究的区域内,个旧灰岩为该区的主要地层,含有少量的花岗岩钟和岩瘤。火把冲煤系不整合在灰岩之上,煤系自个旧城经火把冲到犁花砦,呈北东向带状分布。该区亦有少许火把冲煤系以残余孤立的露头散布, 或作为个旧灰岩顶部的突出体。在木花果有晚第三纪地层的孤立露头。

沿个旧到建水的老路,当到达山楂树高原边缘时,建水盆地在望,可见个旧灰岩覆盖在玄武岩及二叠纪灰岩之上的很好剖面。当我们沿高原的西北而下的时候,在个旧灰岩的下面发现一层玄武岩,其厚度大约 300—350 米。玄武岩之下为二叠纪及泥盆纪灰岩。这一事实可作为个旧灰岩与瑞替克—里阿斯火把冲煤系剖面不整合的证据。个旧灰岩的时代为三叠纪。

二叠纪、泥盆纪灰岩的特性已在地层剖面中叙述过了。

高原西南边缘以红河断层为界限。沿着红河我们发现有沿着河岸沉积的近代河流阶地，阶地高 20—30 米，比现在的高水位还高。横穿红河西南部的马头丘则主要由副片麻岩组成。

4. 构　造

首先鸟瞰下云南省总的大地构造轮廓。云南主要大地构造单元是由 Depart 和 Brown 所确定的云南弧形构造。现叙述如下：

"撒温、湄公及扬子江各线呈南南东向平行延展，经过云南、西藏转为南东东向，而且一直保持着平行关系。平行排列延展的构造线范围大于两个纬度。上述构造线的方向和构造峡谷的深切情况是由于晚第三纪或晚近大规模的隆起造成的。"

"湄公河及红河间，山脉的方向呈北西向，而红河与湖泊间的山脉排列方向上则急剧变为近东西向，更远处，在云南转为北东向的高山，更远延伸为北北东向，构成云岭弧的东翼，弧的中心较窄，且为可压缩性……"

"在 27 纬度线稍南，接近于 100° 子午线的扬子弧（江）突然改变方向……朝向东，离开其姊妹河……并且随着云岭山脉做同样的弯曲，以后与它的东部支流一起流向北东。"

在湖泊区，为构造弧所围绕，各种古生代地层形成不连续的或孤立的露头穿越上覆红层而且对围岩的构造意义不大。三叠纪红层为湖区内出露最多的岩石，在那里晚第三纪的地层沉积在盆地与河谷中，沿西坡，片麻岩、片岩和震旦纪岩石形成高峰,而红层沿深谷和山麓分布。靠近构造弧的顶部沿着弧的东翼以三叠纪及古生代灰岩为主,广泛发育喀斯特地形。古生代地层中动物群及岩相特征与南岭地区或扬子流域所分布的相应的岩石类似。

个旧锡矿矿田构造主要由起伏的褶皱组成。褶皱轴方向为东西向和北东向。各种地层再次为几个体系的断层及断裂所切割。较老的断层系列为北东及南西向断层,似乎是较花岗岩侵入体时代新。第二个体系是南北向断层,亦即个旧断层。个旧断层横切北东向断层。与个旧断层相类似为东西向横断层。这些断层系为巨大的红河断层所切断。该红河断层从大理隆起为点苍山及洱海湖,并经元江、勐班向东南延展到红河谷。

另一类断层限定了个旧高原的边界,在其西北部由帕树到石屏的断裂为北西西走向,石屏到建水则转为东西向,再转为北西西向。该断层造成赤水湖、一龙湖及建水盆地。

在哀牢山及无量山沿着红河西南岸的副片麻岩,推测其片理方向为北北西向。

随着对山河体系的了解,对个旧及云岭弧的地质构造特征叙述如下:云岭弧的两翼由无量山、哀牢山等构成,而它的东翼是由一系列走向北北东向的山峦组成;由湖的子午线到边部中心部分为湖区占有,该区主要构造的走向为东西向。向南邻近个旧弧的两翼突然从一翼转向另一翼,在这里两个系列的断层(一个走向北北东,另一个是北西)互相交叉。这个压缩弧的顶部或压缩弧的最外端的部分,在这里急骤弯

附录三

孟宪民部分文稿辑存

曲。所以云岭弧的顶部和锡矿床出现于同一地区。

1932—1933 年，李四光博士在南岭地质研究中曾确定有类似的地质构造。姑婆山像个旧一样，处于另一个弧即南岭弧的顶部。沿姑婆山南西方向及南部山麓泥盆纪灰岩中所产锡矿占湖南、广西锡矿产量的绝大多数。南岭弧的地质构造最近在李四光⑦文章中作了概括性的描述。有关构造弧及姑婆山的详细描述将在这位著名作者另一篇文章内予以论述。这里提请注意的是这两种的地质构造的一致性。在地质文献中进一步研究将对锡矿床的构造意义取得更多证据。

5. 锡　　矿

个旧锡矿周围有几处产地，亦即老厂区(包括黄帽山、万自开、郝自昌、隐洞等)，马拉格，瓦房冲以及少数较小规模的矿区如卡房、头塘、贾石龙、牛屎泡及鲁塘砦等，而卡房、贾石龙、牛屎泡及鲁塘砦四个矿区都是沿个旧灰岩与花岗岩接触带产出(区域地质请见所附个旧区域地质图)。在这些地段，采矿工作是在花岗岩之上的薄层灰岩内进行。成矿之后的剥蚀作用破坏了灰岩的原始构造特征。可能在该区的花岗岩上面形成局部穹隆背斜。现在，这些岩体的盖子已被侵蚀掉。因此，采矿工作大多数是在少数几个灰岩的突出体或原始灰岩覆盖层的边缘进行。

马拉格锡矿石产量为云南锡矿贸易公司所经营的锡矿石产量的大多数，推测马拉格处于大背斜构造部位，灰岩从矿区和背斜两翼即向南向北同样地扩展。马拉格矿区本身则由几个微小的波状起伏的褶皱所组成。通常这些微小起伏的地层组成较大的背斜轴部，打熊山为其南翼，小马拉格则为背斜的北翼。于六马土基村的西边小山远眺清晰可见马拉格地质构造剖面（图1）。

图 1　由六马土基村西山远眺波状起伏的灰岩

由打熊山向南，灰岩一般向南倾斜，角度很陡，有时也变为平缓，局部常见有微小波状起伏的变化。老鹰山为一个小的背斜构造。由老鹰山向南，灰岩向北倾斜，直到老厂区的黄帽山由倾向 N10°E 变为平缓褶皱，然后穿过矿区邻近隐洞变为倾向 S10°E。在老厂区最大的规模的开采矿山亦沿着背斜的轴线处进行开采（图2）。在瓦房冲以及最先开采的斗岩两矿的各矿山亦是沿着背斜的轴线处开采（图3、图4）

图 2　横穿老厂矿显示锡矿与岩层构造关系图

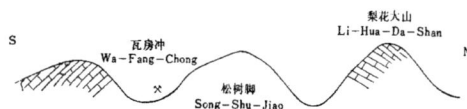

图 3　瓦房冲背斜构造图

图 4　斗岩矿山背斜构造

从上述可以认为锡矿床趋向于在背斜的轴部或背斜及穹隆的顶部产出。

6. 花岗岩侵入

个旧出露的几处花岗岩岩瘤和岩钟实际上是代表地下大岩基的少数地表岩相。在贾石龙西部和更西部出现了大的花岗岩岩瘤。在贾石龙以及在贾沙沿六冲峡谷出露的花岗岩露头在地下都是相连的,仅仅由灰岩某些顶壁下垂物将它们分割开来。在马拉格北部见有另一种花岗岩岩瘤。在卡房附近和靠近苦山的地区发现两个小的岩钟。除了该花岗岩早期出现的气成矿物为电气石,而香花岭花岗岩的为黄玉外,个

表1 个旧及香花岭花岗岩与化学成分

样号 产地 含量% 化学成分	Y140 马拉格北 大礼山	Y151 马拉格北 大礼山	Y114b 卡房之老 鹰岩	Y10 马里踩水	个旧花岗岩4 件样品的平均 成分	香花岭花岗岩6 件样品的平均成 分
SiO₂	76.42	75.88	75.24	76.44	75.99	74.70
Al₂O₃	12.26	13.51	13.28	12.72	12.91	13.62
Fe₂O₃	0.88	0.36	0.34	0.45	0.51	0.47
FeO	1.06	0.86	1.06	0.75	0.93	1.08
MgO	0.29	0.18	0.13	0.03	0.16	0.25
CaO	0.56	0.92	0.92	0.76	0.79	1.21
Na₂O	3.61	4.60	3.96	4.73	4.22	3.49
K₂O	5.11	4.31	4.23	4.36	4.50	4.55
H₂O-	0.12	0.06	0.03	0.06	0.07	0.35
H₂O+	0.54	0.28	0.69	0.38	0.47	0.95
TiO₂	Tr	Tr	Tr	Tr	—	—
P₂O₅	Tr	Tr	—	Tr	—	—
总　计	100.85	100.96	99.88	100.68	100.58	100.67

分析者:黎璜、李毅

旧花岗岩在宏观上和岩相上都与香花岭花岗岩相似。

表1所列为个旧花岗岩的化学成分分析,并与香花岭花岗岩的平均化学成分进行对比。

个旧与香花岭两种花岗岩成分相比仅有极小的差别,即个旧花岗岩 Si 及 Na 含量较香花岭花岗岩稍高。

7. 矿物学

锡矿石的强烈氧化使得鉴别各种矿物颇为困难。而个旧矿工们所关注的是锡矿的经济价值,对矿物共生组合研究没有付诸努力。鉴于此点,常常误解个旧缺乏富矿和有价值的矿石。为了纠正这种错误概念和揭示(说明)它与其他锡矿区之间在矿物组合方面的相似性,在对锡矿石和作者采集的各种锡石标本作进一步研究之前,这里先给出到目前为止个旧的初步矿物清单。

电气石、辉钼矿、黑钨矿及云母为伟晶岩脉中常见的少数矿物。

电气石在花岗岩与伟晶岩脉的矿物共生组合中为普遍矿物,在邻近卡房的老殷家伟晶岩脉中富含晶形完好的针状电气石。当电气石在花岗岩中出现时,晶形为放射针状;在晶洞中则呈晶簇状。

辉钼矿为在老殷家伟晶岩脉矿物共生组合中另一种矿物。辉钼矿呈小的六边形薄片状散染在石英及其他矿物中。

在香花岭,黑钨矿以同样的方式与石英共生。在邻近卡房的派沙铺,这里是个旧锡矿唯一产钨矿的地方,黑钨矿在

石英脉中开采，而石英脉穿插在花岗岩的顶部。

云母、锂云母、黑鳞云母等亦在电气石、辉钼矿及黑钨矿等矿物共生组合中发现。

接触变质及气成—变质矿物沿花岗岩与灰岩的接触带分布在马拉格及卡房，见有符山石、硅灰石、柘榴石、绿帘石及尖晶石。常与锡石共生的矿物是磁铁矿、毒砂、黄铁矿及赤铁矿。方铅矿和闪锌矿有时在矿脉中共生，往往向矿脉的深部矿化逐渐减弱。到目前为止，萤石仅发现在气成—变质的矿物共生组合中。当矿脉和矿管被氧化后，除见锡石外，还见有白铅矿、孔雀石、蓝铜矿、褐铁矿和方解石。

8. 摘　要

上述扼要地描述了个旧的地质学、矿物学条件，区域地质历史和矿床成因(图5)。云岭弧的构造至少是云岭弧西翼的构造时代为前震旦纪的。更晚的运动仅加强了构造的骨架和沿袭于老的构造线方向。在古生代。存在着一个长的剥蚀周期，剥蚀掉了大多数的古生代地层，因此，晚第三纪地层有时见有不整合的残余和直接地盖在太古代的地层上。与此剥蚀周期同时或稍后，有一广泛的火山喷发，玄武岩层正好置于三叠纪地层之下。

在三叠纪时，有巨厚的个旧灰岩和红层沉积。在这个时期哀牢山及五岭山已上升为高山。而后进入另一个造山运动周期及剥蚀周期，这导致了个旧灰岩与火把冲煤系间的第四次不整合的接触。

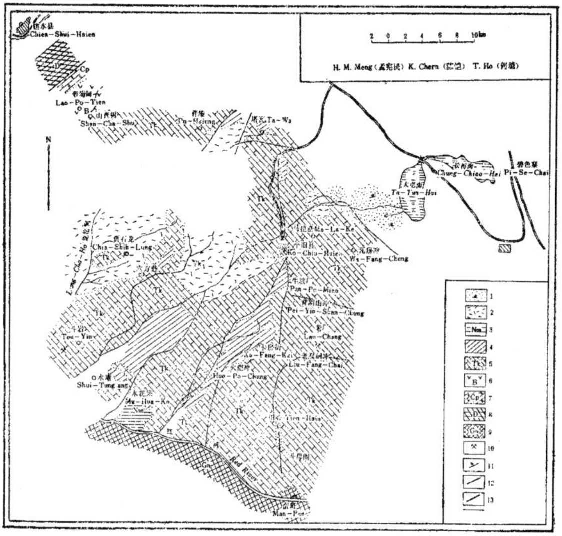

图 5　云南个旧锡矿地质图

　　这以后有一个褶皱,逆掩断层和岩基侵入周期,这些都属于燕山期,由于花岗岩的岩基侵入,存在一个再调整周期,再调整周期物质化成为一个断层的系统,导致了许多湖泊和湖相沉积,其结果是上升导致现在的地形。

　　个旧锡矿的形成不是偶然的,是由各种因素控制的。首先,必须有一个含锡的岩浆;其次,有对岩浆分异有利的大地构造场所;再次,有对气成矿物沉淀有利的储矿层;最后,对矿床有以背斜和穹隆的形式存在的局部的小的储矿层,在其中富集有极大经济价值的矿脉。

　　具备以上这四个条件的产地是很少的。个旧的成矿条件似乎是稀少的。生成个旧锡矿床的岩浆的性质在各方面均与香花岭、姑婆山花岗岩相似,都显示了花岗岩的特性和

锡矿石的共生组合。个旧灰岩的巨大厚度具备了成矿的另一个条件,因为在高温高压下,对锡矿床的形成这是极为有利的储矿层。作为构造有利的位置的构造弧的顶部看起来能满足这个要求:个旧锡矿恰恰在云岭弧的顶部,在构造上说,这里往往是破碎、断裂、岩基侵入的地方。在个旧锡矿产区,锡矿脉产生在小的背斜或穹隆的轴部,成矿的最后一个条件也具备了。

该短文描述了已故的丁文江博士在个旧尚未完成的工作。作者等在丁文江博士的指导下在个旧锡矿野外工作大约6个月。为了感谢他的指导和建议,以此短文作为对丁文江博士的怀念。

本文原载《中国地质学会志》Vol.XⅥ,1936—1937

齐中欣译 苏 洪校

注释:

① W. F. Collins《中国云南省锡的产量》,Trans. Inst. Min. and Metl., Vol.XIX. pp. 187–211, 909.

② M. D. Draper《中国云南之锡工业》。Min. and Met 12(292); 178–186; (293):242–249; April, May. 1931. Mjn. 8., London172(4995).

③ 丁文江、朱庭祜及王曰伦的地质工作(未刊),《个旧锡矿山某些一般描述》,丁文江执笔,刊载于《独立评论》.

④ 旧经度引自《中华新地图》(丁文江、翁文灏、曾世英),纬度为作者野外所测定.

⑤ Bown. J. C.《华西、云南省地质论文集》。印度地质研究记录 Vol, XLⅢ.XLIV.XLVⅡ. LIV. 云南矿产,《印度地质学会论文集》Vol. XLVⅡ、Pt. I, 1920.

⑥ Bcown J. C.《印度地质学会论文集》第 47 卷第 1 期 59 页.

⑦ 李四光,《东亚构造格架》,17 届国际地质大会,华盛顿,1933.

二、矿床同生说与找矿

1. 同生与后生的看法

同生指矿床与围岩是同时生长的。这里说的是广义的同生，它并不限于沉积矿床的同生，同生矿床往往是层状的，具有一定层位。许多金属矿床的分带现象实际上就是沉积分层现象。后生是指矿床的生成晚于围岩。

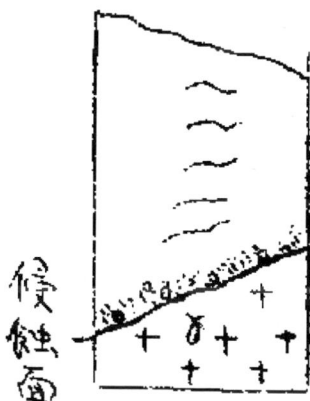

在分析问题时，我们必须区分主、次矛盾，不能等量同观。例如美国密西西比铅锌矿（云南的矿床与它相似），铅锌矿产出于石灰岩中。矿区周围无花岗岩，一向认为该矿床是低温热液作用形成的，从剖面上看到，底部是花岗岩，它有一个侵蚀面，铅锌矿就产在侵蚀面之上。花岗岩是前寒武纪的，与铅锌矿无关，如果认为是低温热液型的，人们要问灰岩是已经固结了的东西，它要把这么多的铅锌矿运进和把其他东西运出，这是很难解释的。

又例如南非的金矿、铀矿床，产在元（玄）古代地层中。其

底部有近千米厚的砾岩层。金、铀矿就产在砾岩层中。当时有人认为金、铀矿是热液交代来的。现在证明，许多铀矿物是圆形的(说明是经过搬运的)，是古代的砂矿。(金矿物呈片状)

2. 硫化矿床的成因问题

目前有人用细菌法(硫黄菌)去研究这个问题的。

在加拿大的一个死水中分析出铜的含量达到 8%。这个现象说明铜并不一定是来自热液的，什么地方都可以找到铜。以前一般都认为花岗伟晶岩中的铍都是来自热液的。现在发现在煤中 Be 的含量达到 100—400ppm，有的甚至达到 4000ppm，另外煤中 Ge、MO 的含量都很高。这样看来，不仅花岗岩中含有 Be、Ge、MO 等，而且沉积岩中也有。我们必须正确认识它们的分布。

大降坪的矿床成因问题很乱，认识沉积—变质—热液的都有，这主要是没找到主要矛盾。

我们不能用单打一的方法找矿。必须指出，同生说对指导找矿是有很大意义的。天工开物说到"子闩"与"生闩"问题就是指脉状矿床与层状矿床也即现在我说的后生矿床与同生矿床问题。可见我们的祖先早就利用这方面的知识来指导找矿了。现在有人还把脉状矿床也列为同生的。这就是广义的同生矿床了。因为脉状矿床还是存在于那一套地层中的。就拿江东边炮楼山下含砾砂岩中的含黑钨矿的云英岩脉说，它也是同生的。(注，这里的侏罗系，其时代还有讨论的地方，这一套地层中没有什么化石，周围又无煤，我怀疑它不一定是侏罗纪的。最好采孢子花粉样品分析来证实其时代)。这些含砾砂岩中的含钨脉是由于侧分泌作用形成的。(也说明了含砾砂岩中的钨含量是比较高的)石灰岩中的方解石脉,花岗岩中伟晶岩脉都是侧分泌作用形成的。侧分泌作用我们可以用小刀在手臂上一划,血就出来了,以后逐渐凝固这样来理解。对于这样的含钨脉,它是有一定层位的,必须引起注意。在找钨矿时最好用荧光灯,因为钨的氧化物都会发萤光,这是很易发现的。我们特别要注意常常在黑钨矿附近有白钨矿出现这个问题。

一般人认为硫化矿床的原生分带现象是热液成因的,例如云南东川铜矿常有黄铜矿带、斑铜矿带、辉铜矿带。对于这个问题我们可以先看在海边有这样分带现象:

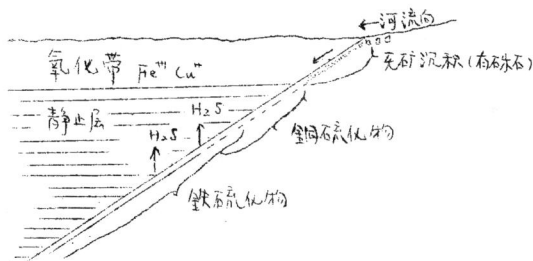

表示硫化物分带构造的图解式剖面

在海进海退的时候有下面分带现象:

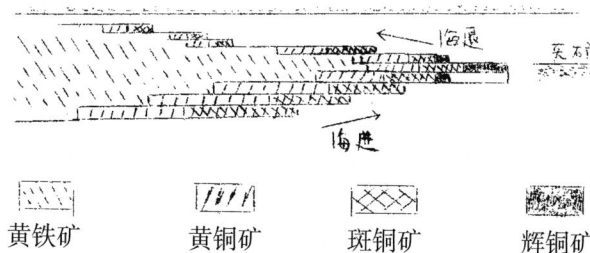

| 黄铁矿 | 黄铜矿 | 斑铜矿 | 辉铜矿 |

表示硫化物分带和海岸线的海进与海退关系

从图上看出，从外到内就可分成若干带了。实际上，这种分带现象就是氧化还原分带现象。是可以用氧化还原来解释的。

氧化还原到处可见，这并不是什么神秘的东西，田边水沟可见，老硐中的死水边部有铁水（氧化）深部由于处于还原环境水是臭的。

我们现在看到的矿床不是原来的面目，而是已经大大改观了的。如黄铁矿本来面目是 FeS、H_2S，沉淀之后被挤压，H_2S、H_2O 都被赶跑了。总之，硫化矿床的分带问题就是氧化还原问题。

3. 金属矿床在沉积旋回中的层序

德国曼斯费尔德铜矿床的情况是：含铜页岩产于第一旋回底部，不整合面之上，该矿层一般 22 厘米厚，分布面积达 140 平方公里，铜的品位达到 2.9%—3.6%。在德国的其他地方及英国、波兰的同一层位中都有铜矿或铅锌矿产出。

对于面积这么大而且层位这样稳定的矿床是很难用岩浆侵入方法解释的。

我国南京栖霞山铜、铅锌矿也是有一定层位的。

栖霞山的铜矿以前一般认为是矽卡岩型的。现在看来它不是矽卡岩型

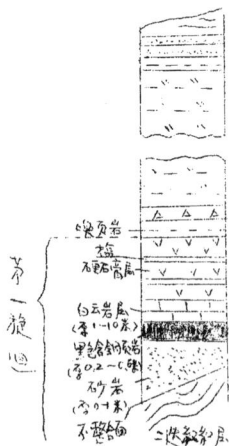

德国曼斯费尔德铜矿地层柱状图（示意图）

铜陵山剖面

灰岩
含铜黄铁矿
角页岩
五通(系石)砂岩
平行不整合

英店大宝山剖面

东岗灰岩
含金铜黄铁
砂岩

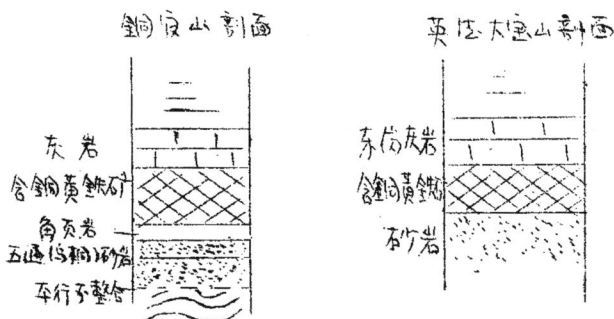

的,它也具有一定层位。是很有远景的。这一种铜、铅锌矿在福建、浙江、江西、广东、湖南到贵州的同一层位中都有出现。

从上面的举例也可看出,不整合面对金属矿床的寻找具有重要的指导意义。我所指的不整合并不限于角度不整合,只要是有一个沉积间断的就可认为是不整合。如云南东川铜矿除了落雪、汤丹层之外很重要的一层就是不整合面上的一层,也就是有人说的磨盘闪。从很多事实看来,硫化矿床往往生成在沉积旋回的开始阶段。同类型的矿床在四川鹿厂还有,围绕小侵入体只能找到小矿。我们必须注意到层位问题。如云南个旧锡矿:

以前认为是与花岗岩有关的,因而在花岗岩周围

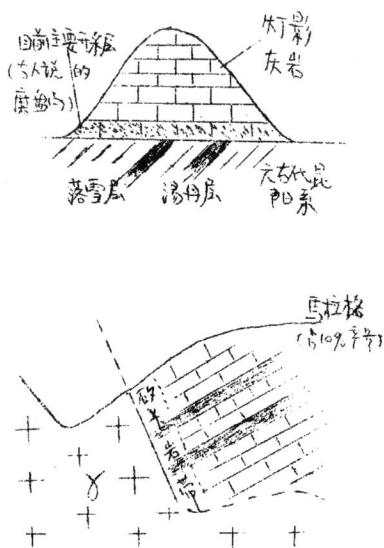

灯影灰岩

落雪层　汤丹层　元古代震旦系

马拉格(含10%?)

找矿,结果没有找到什么大矿。后来发现它们是以断层接触的。看出锡矿也是有一定层位的。不同的岩石摆在一起就会形成矽卡岩。矽卡岩这是成矿后的东西。正如鸡蛋跑进饭中,饭跑进鸡蛋中一样,这都是后来发生的东西。

4. 石油矿产问题

生油层,含油层,含油构造(背斜构造)这是以前找石油的三大定律。现在看来,不但背斜构造有石油,向斜构造也可能有石油,甚至背斜构造没石油而向斜构造中有油。这样背斜构造定律被推翻了。有人说"石油是土生土长的,它根本不移动",这也有一定的道理。要石油不动,就得有很好的封闭条件。有一个石油矿有 7—8 层油层,经打钻取样分析证明,它们每一层的油是不相同的。这说明它们之间没有什么联系移动的。

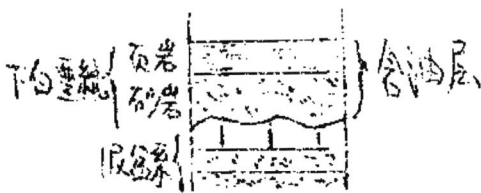

很多实例说明,不整合面不但对金属矿产的寻找有重要的指导意义,而且对石油矿产的寻找也同样有重要的指导意义。如加拿大等许多国家的油田都是产在不整合面之上的。

5. 花岗岩的时代问题

过去在个旧时候我自己也存在一个花岗岩有没有底的问题,现在认为,任何花岗岩都是有底的。基本上是水平的,像别的岩层一样是一个楔体。

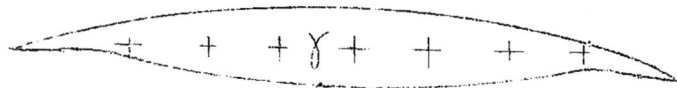

与地层一样,花岗岩也有不同的时代,以前往往把花岗岩归属为加里东期的、海西期的、燕山期的。我认为各个时代都可以有花岗岩。成矿期问题也是这样,以前都认为矿产定在加里东、海西、燕山这几个剧烈变动的时期形成的。我认为恰恰相反,矿产都是在长期稳定的时期中形成的。

关于花岗岩的时代问题,我们看扬子江下游大冶铁矿的一个剖面情况:

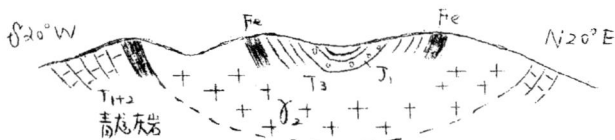

（ 湖北大冶铁矿剖面示意图 ）

从一些砾石层中看到后期石英脉不是沿砾石间隙通过的,而是把砾石一刀两断地切开通过的。

另外从片麻岩看,以前一般认为片麻岩中的一层层条带是层层贯入的。但是其中一些基性岩脉则不是层层贯入的。

这些情况说明层层贯入是不可能的,由小推到大,认为层层贯入是不可能时,那么大冶铁矿的花岗岩(上剖面)的时代问题便可认为是 TH_2 与 T_3 之间的了。

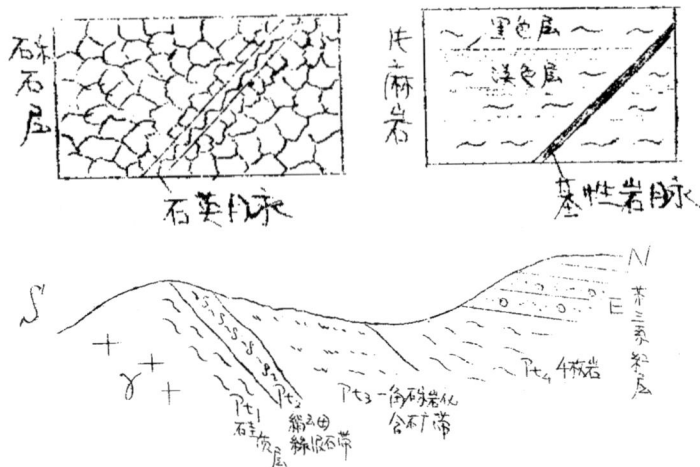

从湖南桃林铅锌矿的剖面看：

仍然假定层层贯入是不可能的。含矿层一角砾岩化含矿带这是沉积旋回的开始阶段。硅质层这是原来花岗岩的风化带（板溪系），这样看来，花岗岩就是更古老的东西。这样一来把幕阜山花岗岩岩基划为燕山期是不适当的，而应该是属前古生代的花岗岩。

欧洲有人把花岗岩分成几类：

同造山运动花岗岩（现我简化为同动花岗岩）

后造山运动花岗岩（现我简化为后动花岗岩）

晚造山运动花岗岩（现我简化为晚动花岗岩）

同动花岗岩与周围地层是呈整合接触的。晚动与后动的花岗岩与周围地层都是呈斜交接触的。

花岗岩与周围地层呈斜交关系只要我们想想河流入口处的斜交层理，其中砾石与细砂呈斜交关系就好理解了。

花岗岩夹于地层中,其流纹流线构造是很明显的,有时从风化现象也可看出。如 521 矿区 K1102 探槽及 ⅢT1301 中都可见到花岗岩的明显的流纹流线构造(这现象即原来队上认为是风化作用形成的风化鳞)。

湖南香花岭的花岗岩中流纹流线构造也十分明显。

扬子江下游江西城门山的闪长岩与灰岩互相穿插,二者是同时生成的。这种互相犬牙穿插包裹现象可通过海中的珊瑚岛与火山岩彼此互相交错一样来理解。

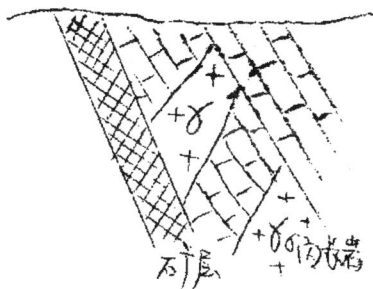

瑞头区水库溢水道处片麻岩(定千枚状页岩比较合适)与花岗岩的关系就是这样互相犬牙交错和包裹的,而且见到明显的花岗岩超复现象。

6. 用同生说找矿

这最主要的问题是按层位找矿,根据什么岩石去找什么矿。

同时,我们必须在古代开矿多的地方找矿。统计世界资料发现规律来指导找矿。在考虑气候条件的同时必须注意到时代问题。例如铝土矿在热带亚热带中的是最好的,同时新的又比老的要好,因为太老的就变成刚玉了。石油也一样,新的地层中比老的多。但对金属矿床来说,则老的地层中多,新的地层中少。这是因为前古生代的时间占了地球年龄中的绝大部分。这样时间长了,成矿机会也就多了,因而老的地层中矿产多。

铌钽矿床的找矿方向就是海滨砂矿。因为砂矿是经过分选了的,粒度较粗,又易开采利用。

1964 年 10 月 30 日孟宪民口述　康福权记录

三、矿床的成因与找矿

1. 矿床成因的争论

研究矿床的成因，以及如何找矿是地质学者、矿床学者的首要任务。但长时期来，在矿床学研究方面也存在着一些争论问题，例如在研究地质学的早期（18 世纪末），德国科学家魏尔纳提出了水成说的看法，他认为地球表面曾经被一个水圈全面地包围着，所有岩石和矿石都是在水中沉淀而成的。他这种看法当时对地质学的发展的确起了很大的推动作用，但他后期的片面观点和教条想法却也为以后的地质学的进一步发展起了阻碍作用。后来，岩浆说取代了水成说而占统治地位，认为无论什么矿床都要牵涉到岩浆作用。但这种单纯地用某种假说来解释一切现象，也是有碍研究工作前进的。

目前，在矿床学研究上有两种不好的倾向：一些地质学者认为，矿床的分类可分为成因分类和工业分类两种。成因分类实际上是从岩浆说出发的，分类系统比较复杂，对找矿毫无帮助。工业分类的根据是实际开采的矿床类型，一般可作为找矿评价的指导，但却为支持岩浆说者所反对，认为没有科学的基础。另一些地质学者因为有些矿床差不多开采完了，而它们的成因还未弄清楚，便认为矿床的成因是一个几乎永远不能解决

的问题。因此,矿床研究也就常被说成是不能解决问题的,或者说它根本不是一门科学。于是有些找矿人员说:"不管理论不理论,我的办法是硬找。"这种简单地认为找矿是高深莫测的,或者是没有规律可循的,只是碰着才算数的,正是当前某些地质工作者思想上一个严重问题。同时也造成了一种在找矿上"以工作量为纲"的做法,不管地质条件如何,各种探矿方法一齐上,或者在地质测量工作上要求比例尺越大越好,精度越高越好,往往浪费了许多宝贵的人力物力。其实,我们的找矿事业和地质工作已经积累了许多珍贵的经验和知识,如加以很好的总结,是可以产生一套新的找矿理论的。

2. 矿床及岩石方面的某些新认识

(1)密西西比铅锌矿床

这类型矿床已经由许多地质学者研究认为是一种同生矿床。成矿是与成岩同时的,成矿的物质不是成岩后由很远的地方移来的。岩组的研究也证明了组成矿床的硫化物是几乎没有例外地与围岩呈同源组织的颗粒[1]。这就是说硫化物的颗粒与围岩,如白云岩、石灰岩、燧石岩、页岩等的颗粒呈同样的形状、大小及排列。从岩石孔隙度的研究也否定了热液可以由外来渗入而沉淀成矿床的想法。在这些可靠的证据面前,仍旧有一些矿床学者坚持用岩浆说来解释密西西比式矿床的成因,提出什么远岩浆的、超低温的、花岗岩浆尚深埋地下等假设。这里特将密西西比式铅锌矿带的一般地质剖面附列于下(图1)。

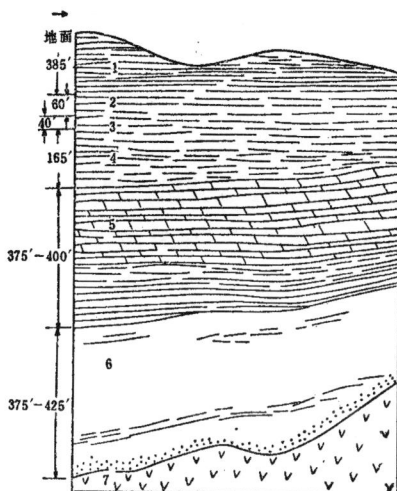

图1 密西西比铅锌矿带的概略地质剖面

1—敢太西白云岩——多晶洞；2—多仑白云岩——块状泥质；3—德比白云岩——
薄层状夹页岩互层；4—大卫页岩——绿色页岩、泥质白云岩、石灰岩、砂岩、含细粒海绿石；
5—本特勒白云岩——含页岩及砂质白云岩和石灰岩，本层为含铅锌矿床的主要岩石；
6—拉莫特砂岩、页岩和某些白云质砂岩，底部有残留的火成岩巨砾；7—前寒武纪火成岩
——花岗岩、流纹岩、斑岩和霏细岩
摘自 Eng. Min. Journal, Vol. 162, P. 66, 1961, 岩层厚度以英尺计

从这剖面上可以清楚地看出灰岩系沉积的基底为花岗
岩类岩石。盖层与基底岩石显著地呈一侵蚀面。密西西比铅
锌矿区中有一个新开发的矿田就是位于这个侵蚀间断上的
[2]。含矿的围岩不是白云岩而是一群由花岗岩的巨砾组成的。
这些巨砾是前寒武纪花岗岩被风化侵蚀的残物，同时组成了
前寒武纪花岗岩基底风化面上沉积的底砾岩。铅锌矿生于砾
石的胶结物中，并部分地充填在砾石的裂隙中。许多砾石完
全被风化作用所漂白。因此岩浆说的推论，与铅锌矿有成因
关系的而深埋地下的花岗岩浆岩也由实际开采所得的剖面
而被否定了。这样也说明了把所有的矿床都用岩浆说加以公

式化，就只有使问题更加复杂了，有时也会使矿床成因无法解决。某些研究人员甚至把白云岩、燧石岩（角岩）、菱镁岩等都说成是经过热液矿化作用的后生产物。又如板岩中有散漫状分布的黄铁矿小晶体经常被错误地说成是后生的矿化现象。由于把一切矿物质说成是由外面（地壳深处）的岩浆热液作用运移来的，那么对每一矿床就需要有一种力量把这些物质在地壳某部深处富集起来，并需要有一个通道把这些富集的物质搬运到适宜于成矿的地区，最后还要替被交代的岩石物质设想如何被交代和运出。这种想法也许可以用来解释某些特殊的矿床，但用来解释一切矿床就有很大问题。正如我们认为深大断裂对矿床可起某些富集作用，但把它说成是成矿的唯一的或者是最主要的作用，那就不行了。

（2）兰特式金铀矿床

这个金铀矿床是世界上产量最大、储量最丰的金矿床，同时也是世界上著名的三大铀矿之一。大部分金铀矿床均产于元古代兰特系砾岩地层中。该元古代砾岩不整合覆盖于太古代的基底岩层之上。许多地质人员认为是古老的砂矿，并且根据这种见解找到了新的矿床。最近 P.蓝姆多尔[3,4]和 W.R.李本白格[5]等研究兰特矿床，找出矿床中的主要矿物沥青铀矿、铱锇矿及自然金均为冲积生成的砂矿的证据。W.R.李本白格的文中附了许多显微照片，表现石英、沥青铀矿、铱锇矿、砷铂矿的颗粒滚圆度，很清楚地说明该矿床的冲积成因。自然金由于硬度低、自相摩擦影响和被其他矿物挤压关系，不能表现这样滚圆现象；但是金、铀及铱锇等金属富集存在着一定的相互依从的情况，说明了这些贵重金属和铀是同源的。但这个很清楚的古代砂矿床却被岩浆说者认为是热液后生矿床。

兰特金铀矿床在大地构造上有它的特征,是在古老地盾上由侵蚀冲积所富集的矿床;在地层上有它的标志,即古水道与砾石分选程度。同样的金铀矿床分布在北美加拿大盲河区(表1)、南美巴西的雅各宾娜、东欧芬兰的柯里及苏联的相邻境内。

表1　三个铀矿区的矿石性质比较表

矿石 \ 地区	兰特区	盲河区	雅各宾娜区
A_u(克/吨)	0.2—0.8	痕迹到特富	0.25—0.45
U(%U_3O_8)	0.01—0.06	0.09—0.13	0.02—0.04
Th(%ThO_2)	痕　迹	0.05	痕　迹
黄铁矿(%)	2—10(细粒)	5—12(粗粒)	2—5(细粒)
卵石	玻璃光泽石英	玻璃光泽石英	玻璃光泽石英(淡红)
卵石直径(平均)	2.5厘米	3—5厘米	2.5—3.7厘米
卵石与基质比例	70∶30	65∶35—40∶60	60∶40
绢云母和(或)绿泥石(%)	有	12—25	15—25
碳质	占相当成分	微不足道	微不足道
副矿物	白铁矿、磁黄铁矿、钛铁矿、砷化钴矿、方铅矿、闪锌矿、独居石、锆石、铁铀矿、金刚石、铬铁矿、电气石、稀土矿物	白铁矿、磁黄铁矿、磁铁矿、辉钴矿、闪锌矿、独居石、锆石、黄铜矿、辉钼矿、金红石、锐钛矿、稀土矿物	矿物研究尚未进行

(3)美国固达林铅锌矿床

该矿床经过分析,铅的同位素是 $Pb^{206}/Pb^{204}=16.44$、$Pb^{207}/Pb^{204}=16.58$、$Pb^{208}/Pb^{204}=36.52$。计算出的绝对年龄约 14 亿年[6]。含铅矿床的围岩为前寒武纪倍尔特系的沉积。铅锌矿从绝对年龄鉴定亦为前寒武纪。这样就否定了过去许多地质学者认为该铅锌床与拉峦迈运动(白垩纪末期)有关的说法,而证实是前寒武纪倍尔特系的同生矿床。因此许多这类的铅锌矿

床，例如著名的澳洲布鲁肯山、加拿大的沙利文等铅锌矿床，已都先后证实为同生矿床。G.C.阿姆斯图兹[1]曾写了一篇专文讨论了同生与后生的矿床。

关于所有花岗岩是岩浆融熔分异的产物，这种说法也有问题。著名的花岗岩成因的争论已经讨论了这方面的许多问题，本文不拟赘述。现在仅提出某些花岗岩在生成过程中没有过高温融熔分异的阶段。例如硅铍钇矿、黑稀金矿、褐钇铌矿、钍石、锆石或其他一些混胶矿物的小碎片在吹管前均匀缓慢地加热到某种温度接近白热时，矿物碎片会突然发火，好像燃烧一样。这种混胶矿物，一般在未加热至发火时，呈均质光性（即呈混杂排列），缺解理呈贝壳状破裂，含铀和钍，对 X-射线表现为非晶质。加热至发火后，则呈结晶质，光性多由均质改为非均质，比重增高。这就说明矿物经过加热后，结晶组织有了调整。这种混胶矿物大部分均为花岗岩类岩石的经常共生的副矿物。如果花岗岩曾经经过一个高温的融熔阶段，这种矿物就不会产生这些发火现象了。

3. 硫化矿石的成因问题

由于习惯的一些想法，一般硫化矿床大都被认为是与岩浆液热有关。近来在加拿大的新布仑司威克东南[8]发现一个泥炭沼，其中含有高达 10%铜（千重）。这一现代的例子更加坚定了对某些同生铜矿床的认识。譬如德国二叠纪镁灰统近底部的含铜页岩，这个成了欧洲著名的曼斯费尔德铜矿，经过新的认识就成了一个最显明的同生矿床的例子。这个铜矿很早就被开发，矿层有 22 厘米厚，分布在一个约 140 平方公里的面积上，生产 16—20 公斤/米^3（2.9%—3.6%）的铜。在德国另两个地区和波兰的一个地区也有同样的铜矿。同样地层中还含有相当量的铅和锌，锌的含量可超过 5 公斤/米^3（0.9%），分布面积超过 5750 平方公里。这表示分布在从英格兰北部到波兰这样大的面积上的镁灰潟湖相沉积中金属含量是异常高的。因此很难设想，不到一米厚的页岩层，固化后，经过岩浆后期的矿化作用，能延展到这样大的面积。此外，H.施奈德洪[9]研究这些页岩时发现页岩中的黄铁矿和黄铜矿呈微小球状的形式，聚集成球形或棒形的物体，达 25 微米长。他认为这些小球体是硫黄菌的化石。在其他许多金属矿床中也见到这种现象，主要的例子为德国兰麦儿司伯格的泥盆纪板岩中和澳洲昆司兰特的艾沙山的前寒武纪黑色页岩中的矿床所含的黄铁矿，同样地呈微小球状的产出。L.G.勒夫[10]成功地用硝酸溶解把苏格兰的油页岩中的微小黄铁矿球（2—30 微米）分离出来并建立了两个新属，他无疑地认为这些球形物质为无须空气的有机物质，不过尚不相信它们是细菌。因此这些微粒最低限度是生物化学成因的。

　　N.H.费谢尔[12]和 L.G.勒夫等[11]最近研究了澳洲艾沙山铅锌矿床和黄铁矿床中这些有机物质的特征和平衡各种成因的假设的理由后，认为它们都是同生矿床。K.邓挪姆[7]最近在英国出版的《科学进步》杂志上写了一篇黑色页岩、石油及硫化矿石。他说在现在的沼泽、三角河口、潟湖、阻塞的海盆地及洼地中，当海水停静状态较盛时，其中沉积的黑页岩

内有广泛的硫化铁的沉淀和某些铀的富集。在某种特殊条件下，这些金属如铜、铅和锌得以富集。同样的静止条件下，在富有生产有机物质性能的水中和附有快速沉积时，碳和其他有机元素会保存下来。在这些黑页岩中大部分保存下来的是稳定的生油素。有些腐植泥也能自然地在沉积及成岩阶段产生氢碳。这样黑色页岩中不仅能产生硫化矿石，有时由环境关系也可以产生石油。

4. 某些分散元素的来源问题

J.耶特华卜[13]在研究煤的成分时发现其中常含有 100—400ppm 的铍，甚至有时可能富集到 4000ppm，即含铍量达千分之四。他同时得到这种结果，含铍最富的煤也含锗最富。我们已经知道铝土矿中常富含镓、铌、铀、钛等元素，煤中常有钼的富集。这些肯定的沉积矿床中常有这些稀有元素的富集，就说明了它们的富集不能专门认为是岩浆热液活动的结果，而是沉积矿床生成时就有这样富集的现象。

5. 找矿理论的一些新看法

现在矿床学和地球物理学的研究大有进展，提出了许多新的看法。

首先认识到矿床的生成不是偶然的，不是由于一个短暂的地壳活动而造成。元素的运移和富集都遵循着一定的物理化学规律；所有的岩石，不论是深成岩（变质岩、岩浆岩）、沉积岩或火山岩，它们的形成代表了某种形式的元素搬运和富集的规律。因此研究岩石学就成为矿床学最基本的课题之一。

另外，时代的悠久，对矿床的形成起重要作用。这就是说，时代长了，地壳上的变化和旋回次数也就多了，元素富集成矿的机会也就多了。这也顺便说明了前寒武纪矿床比寒武纪以来的矿床丰富得多的原因（煤、石油和天然气例外）。

找矿的道理也并不是神秘莫测的。现在试举几个例子来说明这点。

（1）石油和天然气的找寻已不是那样困难了。凡是大沉积盆地，其中沉积很厚的地方（特别是在中生代以后沉积的地方）都是可以找寻石油的区域。中国过去被认为是缺油的国家，并且仅仅限于在交通条件不好的地方找油，就是没有这种见解指导的关系。

（2）热带和亚热带中的玄武岩、安山岩或石灰岩经过风化淋蚀常构成丰富的铝土矿床。世界上丰富的三水铝土矿都分布在类似牙买加等热带及亚热带地区。铝土矿生成的地质时代可以不同，但它基本上只有一个工业类型，即火山岩、石灰岩或其他岩石的风化壳矿床。

（3）铌钽矿床到目前为止，最有工业价值的是热带及亚热带的海滨砂矿，例如尼日利亚的铌钽砂矿。

（4）有色金属生成于石灰岩沉积或钙质沉积的潟湖相中。

（5）古陆上的海滨或三角洲的砾岩中常有丰富的金、铀及铂族类的矿床，例如南非兰特金铀矿、加拿大盲河铀矿、巴西雅各宾娜铀矿、芬兰及苏联在加拉里亚区的铀矿。

（6）砂岩中的铜铀矿床也是一个很普遍的工业类型矿

孟宪民部分文稿辑存

床。例如，美国科罗拉多州的砂岩铀矿及苏联的哲兹卡兹干的砂岩铜矿。

（7）金刚石生于形成火山颈的金伯利岩中；铬、镍、钴、铂等矿床生于超基性岩中。

（8）其他许多矿床如煤、磷及非金属矿床等都有特殊的地质规律可循。

总之，矿床已有一套很好的规律。我们在找矿方面应该很好地遵循它。有些在地壳上分布有限的特殊矿种，我们也应摸清它们的生成条件。例如加拿大有特别丰富的镍矿，中国有特别丰富的钨矿和锑矿，这就是自然界的一种规律。我们不能在那些现在所知的地质条件不能产生这类矿床的地方去硬找，这样会浪费人力、物力。

过去认为花岗岩是许多矿床的母岩，现已被同位素地质研究和绝对年龄鉴定所否定了。许多花岗岩经过这样鉴定比它们附近存在的矿床要年轻得多或老得多。花岗岩本身可能有某些有价值的矿床，如钨、锡、铌、钽、铍等，但肯定不能作为所有一切矿床的母岩或其来源。

由于最近地球物理学者的研究，下面几种说法是值得矿床学研究者好好考虑的[14]。

（1）在地质历史近 45 亿年中，火山喷出的熔岩可以有足够的力量来造成大陆地壳 5.8×10^9 立方公里的体积。

（2）地球的气圈、水圈、大陆都是地球产生后的演变所生成的。B.B.别洛乌索夫认为地壳的海洋构造是次生的，是由于大陆地壳的破坏与"基性化"的结果。最近报载苏联"勇士号"

考察船上科学家在考察太平洋以后认为太平洋只有 1 亿年的年龄。

（3）我们现在所有能够接触到的物质，除了陨石外，都是来自火山作用的。

（4）关于大陆的成长，认为有三个主要的过程：①安山熔岩的喷出；②这些熔岩经过风化侵蚀转化为沉积岩；③沉积岩经过褶皱挤压转化为变质岩及深成岩。

由于这一些新的见解，有人[15]对矿床成因提出下述的看法。

（1）所有石的物质来源于火山作用；

（2）矿石的物质的富集主要是由于风化和沉积作用；

（3）褶皱、变质及深成（包括岩浆）作用对矿石起分散或破坏作用。

如果这样提法是对的话，那么过去认为"侵入的花岗岩总是作为矿石的重要来源，而火山作用则不重要，以致不值一谈"的看法就不对了。现在这个新的提法，认为火山作用起压倒一切的重要作用，而侵入活动仅是次要的，实际上是一个破坏的过程。金属的富集要归功于风化和沉积的过程。

我国早期的找矿人员把矿床叫作摅（简称作闩）。所有的矿床分为两类：一为"主闩"（即整合矿床或层状矿床矿体与围岩相整合）；另一为"子闩"（即不整合矿床，普通为脉矿）。他们早就认为"子闩"是来源于"主闩"。这种说法基本上符合于我们现在所认识的观点。所以脉矿可以说是后生的，是前面所说的第三阶段褶皱、变质、深成作用的产物。这个阶段也

偶有富集作用,例如美国标特的含铜脉矿床、中国的黑钨脉矿床等。脉矿的物质取自附近的围岩,而很少可能取自地壳较深的地方。过去岩浆说的那种看法,认为构造控制起重要作用,只能指脉矿来说是对的。层状矿床(主闩)仅仅与构造有联系,成矿前的构造形式可以影响矿石的分布与发育;成矿后,矿体的脆弱或致密程度则会影响构造的发展。

找矿方面这些新的看法是与我们在地质研究所取得的成就分不开的。认识到矿石即是岩石,岩石的成因就是矿石的成因。新的提法是元素的富集主要归功于沉积作用,这就大大地开阔了我们找矿的范围。还有更多的沉积分布在海洋所淹没的地带,特别是占地球 5.2%的面积,约 2750 万平方公里的陆棚地区(即浅海地带)。目前世界上正在开发浅海地区的矿产,尤其是石油,例如墨西哥海湾、加勒比海、波斯海湾、黑海等。

参考文献

[1] Amstutz, G.C., 1956, Syngenesis and Epigenesis in Petrography and the Study of Mineral Deposits. Schweizer Mineralogische und Petrographische Mitteilungen, 39, 1–84: Internetional Geological Review, 3, 119–140, 202–226.

[2] Ohle, Emest L., 1951, The Geology of the Hayden Creek Lead Mine, Southeastern Missouri, Econ. Geol. 46, 111–112.

[3] Ramdohr, P., 1955. Neue Beobachtungen an Erzen des Witwater srands in Südafrika und ihregenetische Bedeateng, Abh. Dt. Akad. Wiss. Berlin Jg. 5; Annexure to Trans. Geol. Soc. S. Afr. 61(1958).

[4] Ramdohr, P., 1960, Die Uran–und Goldlagerstatten–Witwatersrand–

Blind River –Dominion Reef –Serra de Jacobina: Erzmikroskopische Unter-suchuagea end ein Geologischer Vergleich, Akade mie–Verlag. Berlin.

[5] Liebenberg, W. R., 1960. On the Origin of Uranium, Gold and Os-miridium in the Conglomerates of the Witwatersrand Goldfields, N. Jb. Min. Abh. 94, 831–867.

[6]Long, A., Silverman. A. J. and Kulp. J. L., 1960. Isotopic Composition of Lead and Precamb–rian Mineralization of the Coeur D'Alene District, Ida-ho, Eeon. Geol. 55, 645–648.

[7]Dunham, K., 1961. Black Shale, Oil and Sulfide Ore, The Advance-ment of Science. XVⅢ, 37, 284–299.

[8]Fraser, D. C.,1961,A Syngenetic Copper Deposit of Recent Age, E-con. Geol. 56, 951–962.

[9]Schneiderhöhn, H., 1923. Neues Jb. f. Min. BB. 47, 1–38.

[10]Love, A.G., 1957, Quart. J. Geol. Soc., London, 113, 429–440.

[11]Love, L. G., and Zimmerman, D. O, 1961, Bedded Pyrite and Mi-croorganisms from the Mount Isa Shale, Econ. Geol. 56, 873–896.

[12] Fisher, N.H., 1960, Rept.XXI Int. Geol. Congr. 16, 110.

[13]Jedwab, J., 1960, Le Charbon Comme Source de Beryllium, Bull. de la Soc. Belge de Geol. de Paleontol. et d' Hydro1. 69, 67–77.

[14]Jacobs, J.A.,Russell, R.D., Wilson, J.T., 1959, Physics and Geology, Mclsraw–Hill Book Co. Inc. N. Y.

[15]Stanton, R. L., 1961, Geological Theories and the Search for Ore, Min. and Chem. Eng. Rev,53,48–55.

孟宪民部分文稿辑存

四、矿床分类与找矿方向

(提出对矿床分类法的轮廓及具体在找矿方向应用方面的一个实例)

引　言

在人类将近 100 万年的发展历史过程中,地下资源(矿床)的开发对他们的繁荣与进化起了决定性的作用。为此人类的历史划分即以旧石器、新石器、青铜器、铁器等时代来标志,资源的开发程度也就成为人类进化的里程碑。多少万年来,人类的劳动经验与智慧创造了无数寻找和利用地下资源的方法与说法。这些,归根结底就是实践与理论相结合的矿床分类说。

关于矿床分类的原则[(1)按实际工业价值;(2)按成矿环境;(3)按成矿时代]作者曾在另一文中论到,兹不赘述。下面略举几个这种矿床类型的例子来说明矿床的分类就是提出找矿的方向;同时也分析一下在一定的地质条件下找一定种类的矿床。

首先按矿种,其次按岩石性质,再次按岩石组合来叙述某些重要的矿床类型,最后叙述应用本矿床分类法的实例及其效用。

1. 几种重要的矿床类型

首先仅选择几个矿种的重要矿床类型,按它们产量的世界意义即工业类型分类的基础来叙述。

铝 铝的工业矿物是铝土矿。它的矿床只有一个类型,即红土化作用过程中形成的矿床。铝和铁一样,它们与氧的化合物,或与氢氧的化合物是岩石中最主要的不易溶解的物质。长石、黏土及云母均富含铝。这些矿物中铝是和硅、氧及其他物质相化合。在热带、亚热带的潮湿气候条件下,强烈的风化作用使硅、氧被溶解析出而残余的即成铝土矿及某些铁氧化合物。许多火成岩、沉积岩及变质岩,如含铁量不高,在这样的风化条件下,均可能形成良好的铝土矿矿床。这就说明了为什么丰富的铝土矿矿床多分布在牙买加、苏里纳姆(这两区为目前世界铝土矿的主要产地)、英属圭亚那、亚洲的马来亚、印度尼西亚及沙捞越以及非洲等处。其他如法国、意大利、南斯拉夫等地的铝土矿多半产于侏罗纪和白垩纪的石灰岩上,呈不规则的层状和囊状矿体。我国各地石炭纪地层中的铝土矿矿床也是由于同样的地质过程生成的,多堆积在一个古风化侵蚀面上。较老地层中的铝土矿,在成岩过程中,受轻微变质,使原来的三水铝土矿大部转为一水铝土矿。

所以说,铝土矿矿床只有一个类型,即风化残余矿床,它是在一定的地质条件(红土化作用)下形成的。其中主要的因素是气候条件。按时代来说,从现代至第三纪形成的未受轻微变质的铝土矿为最好;白垩纪至侏罗纪的次之;而二叠纪至石炭纪

的更次之。这就指出了找铝土矿的方向,应首先在热带及亚热带找,其次是在古风化侵蚀面上找。一般来说在晚古生代及更老的地层中,有铝土矿恐已变质脱水,不能作为工业矿石了。具体到我国来说,找铝土矿最为有利的地方,应该是广东、福建两省,特别是南海的岛屿上。

钴 从钴矿的产量分布可以得出有关钴矿的主要工业类型和钴的主要存在状态。兹摘录世界钴矿的产量(社会主义国家除外)如表1所示。

表1 钴的产量[13] (以含钴量吨计)

	1959年		1960年		1961年	
	吨	%	吨	%	吨	%
加 丹 加	8 391	52.8	8 220	54.9	8 324	54.2
北 罗 得 西 亚	2 152	13.5	1 750	11.4	1 895	12.4
西 德	1 497	9.5	1 488	9.7	1 546	10.2
加 拿 大	1 365	8.7	1 565	10.2	1 609	10.6
摩 沿 哥	1 262	8.0	1 338	8.8	1 317	8.7
美 国	1 134	7.1	712	4.5	499	3.3
其 他	62	0.4	77	0.5	96	0.6
总 数	15 876	100.0	15 150	100.0	15 286	100.0

从上面的统计数字可以得出加丹加和北罗得西亚两地的综合年产量平均占资本主义国家总产量的 65%—66%。加丹加的钴矿主要产自含铜白云岩风化后残余的黑色氧化物中。北罗得西亚的钴矿则产于 Nkana 矿山与硫化铜矿石共生的硫钴矿中。这就是著名于世界的罗得西亚铜矿床。加丹加的氧化矿,事实上也属于罗得西亚类型的铜矿,不过已经受过热带风化作用,把钴更加富集在氧化带中。因此加丹加的钴矿石较富,产量也较大。

西德钴产量亦达相当数量,平均年产量占世界 9%—10%之间。它用的矿石是各种不同来源的黄铁矿残渣。1962

年正在把它的炼钴厂的生产能力提高到年产钴 1900—2000 吨。缅甸的波龙厂（Bawdwin）在选炼铅锌过程中也回收钴的副产品。美国密西西比河流域的铅锌矿床中亦有可开采的钴矿。因此各种不同来源的黄铁矿、黄铜矿，或其他金属的硫化物经过脱硫或提选后，均可作为提炼钴的原料。

第三种类型是加拿大和摩洛哥的钴银矿床。过去这种类型所产的钴占世界钴产量比重较大。近年来由于非洲的钴产量增加及西德钴冶炼工业的发展降低了这一类型钴的重要性。

基性或超基性岩石的风化残余物中可能有钴的富集，但到目前为止，尚未见有比较重要的这一类型的钴矿。

根据上面的简略资料可以看出找钴的主要方向：（1）首先是罗得西亚类型铜矿床，特别是这一类型的经过氧化后的风化壳矿床更有利于钴的富集；（2）其次是各种黄铁矿渣；（3）再次才是钴银矿床。

石油与天然气

从表 2 的储量百分比可以看出，有近 80% 的油气储量是属于上列几个海湾或盆地，含油地层时代多为白垩纪至第三纪。

表 2　世界大油区储量（包括石油及液体天然气）百分比及含油地层

地　　区	占世界石油储量%	主要含油地层时代
波斯湾	64	白垩纪
墨西哥海湾及加勒比海	13	委内瑞拉——第三纪 美国得克萨斯——白垩纪至第三纪 路易斯安纳——第三纪
黑海、里海及伏尔加河流域	9.8	黑　　海——第三纪 伏尔加流域——泥盆纪
印度尼西亚	2	第三纪

布拉特(Pratt)曾经这样说过(摘述):

"大油田经常是在地壳活动的下陷区和在较年轻的地层中。有经济价值的巨大石油聚集是向活动的地壳部分逐渐增加,而向稳定的地台部分次第减少。石油的的聚集程度与地质时代的长久成反比:地质时代愈老,石油聚集愈少;最大的石油聚集是在新生代第三系最新的上新统的岩石中。天然气和石油形成的有利条件是:①有丰富的有机物质和快速沉积等的供应;②在较深的海水中沉积。深海水主要可以防止有机物质的氧化和以腐植物为食的浅海生物的蚕蚀。此外,在沉积剖面中要具有孔隙而呈封闭的,砂质少泥的扁豆体或石灰质的珊瑚礁,在这样的沉积条件下,周围泥沙中的有机物质在连续沉积、成岩固化过程中,由于压力的增长而使这些呈液体状态物质被挤入附近多孔隙的扁豆体中"[14,15]。

这样的沉积条件以三角洲和礁灰岩的沉积最为符合。陆棚主要是由这些沉积物组成的。所以布拉特说,人类最后找寻天然气和石油的场所是陆棚。近年来石油和天然气的储量大量增长[把天然气折合石油来计算,1961年天然气和石油的总证实储量约合600亿吨(石油)]。它们的消耗量也同时急剧加大(在总能量利用方面已超过[3])。这种对石油和天然气的大量开发和利用就是了解了主要找寻它们的关键。

金铀 世界的金铀矿产量以南非为主。南非的金产量占世界(社会主义国家除外)总产量的65%—66%。主要的产量出自著称的金铀砾岩矿床。这就是南非的兰特金铀矿床,金铀矿石生于盖于太古代花岗岩及变质岩上的元古代砾岩中，为世界产量最大、储量最丰的金矿床，同时也是世界上三大铀矿床之一。加拿大的盲河矿床、巴西雅各宾娜矿床，以及芬兰的科里矿床均为同样的金铀砾岩矿床。世界上各时代地层中的砾岩及现代河谷和海滨的砂砾均有不同程度的金及一些不易风化而比重较大的矿物富集。这种砂砾岩的形成就代表了一种天然物理分选作用的结果。此外这类砂砾矿床还有铂族金属的富集。根据已知的地质资料表明，较老的砾岩矿床，特别是前寒武纪的底砾岩，经常有金铀矿的富集。其他时代较新的砾岩或现代河谷及海滨砂矿亦为找寻金矿的对象。脉状金矿或铀矿亦为金或铀来源之一，但不多见。

铌钽　铌钽为稀有金属，在地壳中普遍含量极低（Nb 24ppm，Ta 2ppm），很少富集成高品位的矿床。一般产状限于砂矿、碳酸盐岩、伟晶岩、花岗岩和基性的碱性岩。根据世界开采情况，冲积成的河谷和海滨砂矿为目前铌钽金属重要的来源，而且主要产自热带及赤道地区的国家中，例如尼日利亚、刚果、巴西、印度和澳大利亚。近年来，尼日利亚为铌钽矿物的主要生产国家。1961年它的铌钽矿物的月产量约达185吨，即为年产量2215吨。1961年世界铌钽矿物产量（社会主义国家除外）约达2400吨。这样尼日利亚的产量就占世界产量90%强。

热带富有铌钽砂矿床，主要是由于热带气候条件有利于花岗岩等杂岩的强烈风化并达到岩体的相当深度，使分散的、不易溶蚀的铌钽矿物得以富集。目前挪威的苏甫（Sove）

已正式生产烧绿石,作铌金属的原料。巴西的亚拉哈(Araxa)拥有世界已知的最大烧绿石床(储量达200000000吨的含Nb3.5%的矿石)。不过热带及亚热带的海滨铌钽砂矿床仍为找铌钽金属的主要对象。这种矿床在粒度方面及开采的经济方面均远远地较烧绿石矿床优越[3,18]。

锰 1961年世界钢的产量估计达3.56亿吨[13],用这种产量数字为基础,锰矿石的消耗量可估计达14600000吨(根据英国一个刊物上的统计,其中苏联产量约占42%,印度、巴西、南非、中国各占7%,加纳占4%,摩洛哥占3.5%,刚果占3%,日本占2.3%,阿联、罗马尼亚、墨西哥、捷克斯洛伐克均各占1%强[13]),其他许多国家也产锰矿石。从产量分布可说明锰和铁一样是比较广泛分布的元素,矿床的主要类型是风化残余堆积。苏联、中国、印度、南非等地的锰矿床均属这种类型。由于锰元素分布广、克拉克值高(1000ppm),和近乎铁族元素的化学性质,各时代的地层剖面中均有可能有这类风化残余矿床的出现。主要找矿工作应集中在一个地区的地层研究及古气候的分析。苏联的奇阿图拉(Чиатура)锰矿床(世界最大的锰矿石产地)和尼科波尔锰矿床(Никополъ)均为早第三纪的风化残余胶质频状沉积。兹摘录别捷赫琴按成矿年代分类[2]如下(括弧中注解是作者加的):

(1)近代(第四纪)形成的锰矿;

(2)第三纪(早第三纪)形成的锰矿(苏联最重要的锰矿);

(3)晚二叠世形成的锰矿(中国较重要);

(4)早石炭世的锰矿;

(5)泥盆纪的锰矿;

(6)前寒武纪的锰矿。

作者认为这种按地质时代分类是一个有利于指出找锰矿方向的方法。

铅锌 铅锌矿床一向被认为主要是热液交代的或充填的后生矿床。近年来绝对年龄研究和一些实际采矿地质资料的分析指出,过去认为是拉峦迈(Laramide)运动或燕山运动所产生的矿床,实际上是与围岩同时生成的[11,12]。另外又有些研究人员认为硫化矿床可以富集在沼泽、三角洲、潟湖、阻塞的海盆地及洼池中。这样,铅锌矿床的分类也可以采取锰矿床分类法来作。根据主要的生产铅锌国家的矿床类型则不外下列几种:

(1)变质岩中整合产出的似层状矿床;

(2)碳酸盐类岩层中矿床;

(3)石灰岩与硅酸盐类岩石的接触带内不规则矿床;

(4)喷出杂岩中的矿床;

(5)各种岩石中的铅锌矿脉。

除了第五类的铅锌矿脉外,一般可以把上列矿床类型划为下列形式:

(1)前寒武系中的铅锌矿(可能不限于一个系或界);

(2)震旦系中铅锌矿;

(3)寒武系中铅锌矿;

(4)泥盆系中铅锌矿;

(5)石炭—二叠系中铅锌矿;

（6）三叠系中铅锌矿；

（7）白垩系中铅锌矿。

其中比较重要的为前寒武系中的铅锌矿床，例如澳洲的布鲁肯山（Broken Hill），加拿大的沙利文（Sullivan）；寒武系及石炭—二叠系中铅锌矿床，例如密西西比流域的铅锌矿床和三叠系中矿床，以及波兰的西里西亚（Silesia）。围岩的性质以石灰岩或白云岩最有利，其次为片岩、石英岩及千枚岩。

2. 矿石围岩的性质

兹特摘引云南东北一带地层柱状图（表3）为例，借以说明岩石性质与含矿的关系。按一般习惯，这类地台上的沉积及其伴随的火山岩可大致分为：

（1）粗碎屑岩，主要为砾岩；

（2）细碎屑岩，主要为砂岩及页岩；

（3）沉淀岩，主要为石灰岩及白云岩；

（4）蒸发岩，主要为岩盐、石膏岩；

（5）喷出岩，主要为玄武岩、安山岩。

关于因风化侵蚀作用所产生的残积矿床，如无实际堆积或矿物特征则不易在剖面中标出。不过侵蚀间断亦为找残积矿床一种重要标志。

由于所引地层的位置关系，粗碎屑岩不甚发育，这对以金、铀为主的砾岩矿床尚缺实例。细碎屑岩中的铜矿（三叠系的红层）、铝土矿（石炭系煤层中）均分别代表了一种磨拉式（molasse）沉积和风化的残积。另外它也是一种合乎煤系沉

表3　云南东北部地质剖面

地层	分层	柱剖面	厚度(m)	岩石性质	含矿性质
第四系	残碛、坡碛、冲碛		0—50	砂、砾、泥炭、红土	
三叠系	禄丰组		1000	杂色砂页岩夹钙质层	Cu
	一平浪煤组		100	砂岩、页岩夹煤层	煤
	嘉陵江组		200	薄层白云灰岩	
	东川组		400	红色砂岩夹页岩	Cu
二叠系	宣威煤组		0—80	页岩、砂岩夹煤层	煤
	玄武岩组		600	玄武—安山岩夹灰岩及砂岩层	Cu, Co
	茅口阶		250	暗色纯灰岩	
石炭系	矿山组		0—50	页岩、砂岩夹煤层	煤
	马平群		30—100	纯净灰岩	Pb, Zn
	韦宪阶		50	含铝土矿、煤层、砂煤岩	煤,Al
	杜内阶		100	不纯灰岩	
泥盆系	蒙姑组		230	泥灰岩、页岩、砂岩夹石膏层	
志留系	马龙组		370	泥质灰岩夹页岩	Pb, Zn
奥陶系	二村组		70	千枚状砂页岩及页岩	
寒武系	龙王庙组		300	泥质、硅质含石膏灰岩	
	沧浪铺组		200	薄层砂岩夹页岩	
	筇竹寺组		100	页岩、板岩、泥灰岩	磷
震旦系	灯影灰岩		400	含磷硅质白云灰岩	Pb, Zn 黄铁矿, Cu, 底部有含Cu层
	澄砂岩		0—700	粗砂岩夹页岩(红色)	
			—不整合—		
前震旦系	轻微变质岩组		数千米	千枚岩、板岩夹白云岩	Cu, Pb, Zn, 石墨

注：分层栏中，最上一项的"碛"应为"积"，下面一项中的"澄砂岩"应为"澄江砂岩"。

表 4　下镁灰统（上二叠统）层序（依照 Richter 等）

沉积旋迴	层　序	厚度约计(m)	岩　　　　石
上覆地层		—	三叠纪砂岩
第三旋迴		6	灰色盐泥
第二旋迴		50	钾盐：施大司福特层
		300－500	老岩盐层（施大司福特盐层）
		2	底硬石膏
		10	臭页岩
第一旋迴		25	上硬石膏
		5	最老岩盐层
		50	下硬石膏
		5－10	灰色灰镁统：白云岩、石灰岩
		0.2－0.6	含铜页岩（黑色层）
		0.1	砂矿＋砾岩（白云岩相）
下伏地层			二叠纪红层

注：沉积旋迴栏中，最上面的"上霞"应为"上覆"。

270

积的陆相、湖沼相与风化侵蚀同时进行的堆积。蒸发岩在该区发育不完备，仅在个别泥盆系和寒武系中见有石膏小夹层。沉淀岩比较发育，各时期的灰岩中均有铅锌矿的富集。喷出的玄武岩及安山岩中常有铜矿或钴矿的分布，一般过于分散，不能作为正式开采的矿床。蒸发岩的剖面可以德国的下镁灰统剖面（表4）为例。

此外，还有锡、钨、铌、钽、钼等矿床。这类矿床一般均与时代较新的花岗岩有关。由于对花岗岩的研究过分强调了花岗岩的岩浆成因或变质成因，以致把所有的各种各样的花岗岩统一在一种成因、一种性质并说成是在少数造山运动中发生的。最不合适的是把所有矿床的物质来源机械地说成均出自一个统一的原始岩浆。作者认为花岗岩的问题尚有待继续研究，目前仅能说年代较新的花岗岩类岩石及被这些花岗岩类岩石侵染的沉积岩为锡、钨、铌、钽、钼及斑状铜矿或斑状铅矿的发育场所。最后一类的斑状铅矿床由于品位不高尚未得到工业上的利用。

3. 岩石组合的特征

根据雅科布（Jacobs）[18]等著的《地质学与物理学》一书所提出的岩石组合，作者即做补充叙述如下。

岩石除了按其物理—化学性质来分别外，更重要的是按不同环境中所产生的岩石群来分类。这种岩石群叫作岩石组合。每一个岩石组合多半仅包括在一个旋回中所形成的岩石。在地盾上所出露的基底岩石是在前几个旋回形成的山脉

被侵蚀后所剩余的根;基底岩石被认为是属于比它们的盖层的旋回更老的几个旋回所组成的。

岩石组合有下列几种:

(1)大洋中组合;

(2)大陆组合;

(3)陆缘组合;

(4)岛弧组合;

(5)原生山脉组合。

大洋中组合　地球表面70%为海洋所覆盖。大洋中的岛屿(岛弧除外)多是火山峰或礁灰岩,例如亚速尔群岛、夏威夷群岛、百慕大群岛等。这里喷出的熔岩主要为玄武岩,特别是橄榄—玄武岩比较发育。

大陆组合　大陆上,地盾的盖层为地台相的沉积,为现时地质工作中所频繁接触的地层。前节(按岩石性质)中的柱状剖面上的岩石均为大陆组合。整个剖面的沉积覆盖于早期旋回深成岩组成的基岩准平面上。

地台相中有几种特殊岩相,其一为盐碱相,形成于浅的阻塞盆地中,由于剧烈蒸发,导致盐类的沉淀,例如今日里海东岸的卡纳—博加兹海湾的盐沉淀;其二为黑页岩相,形成于深的阻塞海盆地中,空气流通不足,有机物质在盆地中沉积而不氧化,例如黑海;其三为煤系沉积,岩石主要为粗砂岩、煤层及页岩,灰岩较少,一般在海相转变为湖沼相时形成;其四为山麓沉积。地壳上升,新成的山脉经受急剧侵蚀而形成粗粒的红色扇形沉积。红层中主要为长石砂岩和泥岩，例如阿尔卑斯山脉边缘的第三纪砾岩层、美国东部阿帕拉契亚区的三叠系红层和中国西南几省的三叠—侏罗系的红层。这种岩相是在比较热的气候条件下，雨量充沛而有季节性，沿高山山麓所形成的快速堆积。

陆缘组合　邻近大陆的边缘，盖层的沉积剖面加厚；地台的薄沉积转化为三角洲沉积和礁灰岩沉积。三角洲沉积分选较差，堆积较速，为较细的和易于搬运的岩石碎粒组成的砂页岩，灰岩组分较少。三角洲的沉积一般堆积于深达五公里海盆地的边缘，聚集成巨大的体积。礁灰岩一般形成在热带浅海中，大致分成三类礁，即堤礁、环礁和岸礁。中国南海、大洋洲东岸以及太平洋中的热带浅海区域均为礁灰岩发育地带。大陆边缘经常镶着一圈被浅海淹没的平台，大部即由这种三角洲沉积和礁灰岩沉积所组成。通常这种平台称为陆棚。现在地质人员认识到陆棚对石油和天然气有极重要的意义，它是人类最后找寻大量石油和天然气的场所。此外陆棚上有大量的含锰、钴、铜、镍的结核。

岛弧组合　岛弧分布在环绕大陆与陆棚相邻的海洋中。最好的例子是沿整个亚洲东岸，从阿留申群岛至印度尼西亚的岛弧。岛弧的组成岩石为安山岩与杂砂岩。岛弧组合与大洋中组合不同，岛弧上的熔岩以安山岩为主，玄武岩较少。安山岩的喷出限于地震带内，表示熔岩来自深入于地幔内的断裂系统中。安山熔岩黏性高，易被侵蚀，常堆积成陡坡峭峰，并富于气体物质，构成大片的浮岩及火山灰。沿许多岛弧的轴常有超基性岩体的分布，呈线状排列。

安山熔岩经侵蚀后，形成杂砂岩相的沉积岩，与相邻大陆的三角洲沉积相掺和。例如中国的东海和南海则几乎全被这些沉积所填满。

原生山脉组合　它代表早期各旋回的堆积，经过不同程度的变质及褶皱过程，多由地壳上升而被侵蚀出露的复杂组合。它是剩余的古山脉根，一般称为地盾或基底岩石。主要岩石相为深成岩，如花岗闪长岩或花岗岩，或酸性片麻岩与较基性的片麻岩的互层。有人认为原生山脉组合是从早已产生的岛弧组合经变形及变质而形成的。

这几种组合实际上以三角洲相(陆缘组合)及杂砂岩相(岛弧组合)为主，它们在地壳组成中占远比其他岩相大得多的体积。不过这二相沉积大部均淹没于浅海中，它们的较老时代的代表则已被广泛变质作用所转化成为变质相的岩石。因此，目前地质人员所最熟悉的组合为大陆组合，其次为原生山脉组合。大洋中组合出露不多，研究资料亦少。较重要的岛弧组合和陆缘组合研究亦较少。不过由于石油、天然气工业的发展，陆缘组合的重要意义已逐渐在阐明中。

关于各种组合中的矿床发育情况可约略叙述如下。大洋中组合多为玄武岩组成，其中矿产以镍、铬等为主。处于热带、亚热带大洋中的岛屿一般可能有铝土矿的富集，并有锰矿或其他残积矿床产生的机缘。大陆组合中各种矿床已在前段叙述，此处不多赘述。陆缘组合，即构成陆棚的组合，主要为三角洲沉积物、礁灰岩或大陆冰川的冰碛所组成，其中以三角洲和礁灰岩岩相为重要。陆棚已经由许多地质工作证明为石油、天然气的重要富集地带。锰、钴、铜、镍等矿物在陆棚的沉积物中有呈结核状的聚积。岛弧组合与陆棚组合有相互掺和的机缘;前者为杂砂岩相,亦可为石油和天然气的发育地段。同样地,这里在适合的气候条件下可产生一些风化残余矿床。

在原生山脉组合中为我们熟知的矿床有条带状铁矿床、布鲁肯式铅锌矿床、南非兰特式金铀矿床等。一些地质人员这样提出:前寒武纪地层中富含有各种各样的、规模巨大的、品质优良的、有世界意义的矿床。这正说明了矿床的形成不是仅仅限于某些短暂的、突变式的造山运动期间,或是某些剧烈的断裂带内等偶然现象,而多半是在悠久的自然演变的富集过程中的必然产物。地球的年龄可能为45亿年或更多,而震旦纪最老不超过10亿年。足证悠久的时间是成矿的有利因素之一。

另外有些矿床由于它们的特性,不能在时代较老的地层中存在。例如煤、石油、天然气以及铝土矿就是这样。第四纪的泥炭,一般含水分及挥发分太高,工业上利用有困难;而在成煤后未经受强烈变质的煤才能在工业上利用。受变质较深的煤,如前寒武纪地层中的石墨已不能燃烧,不仅如此,即使有下部古生界的煤层,如泥盆系及奥陶系中的煤也不能利用。对于石油及天然气我们有这样的认识:在地壳下部的岩石由于压力加大以致渗透性和孔隙度到深部会完全消失;世界上有占99%的石油、天然气产量是从沉积岩中产出的;石油、天然气最大的聚集是在第三系的上新统的岩石中。根据

这样理解,最老的含油气层不能超过古生代。在前寒武系中的油气是偶然现象,可能是由相邻的较新地层中因构造活动而移来的,一般为量不多、价值不大。世界上的大部巨型油气田都是与含油气地层同生的。关于铝土矿可以说在时代较新的地层中为三水铝土矿,工业上易于利用。较老的地层中铝矿物演变为一水铝土矿,不易利用;而极老的地层中则多变质为红柱石、矽线石等,只能用作高级耐火材料。这样,时代的新老,对矿床的特性和利用方面有重要关系,同时对矿床的分类也为一关键因素。

根据前面这些说法,作者把我们人类大量开采的矿床,按它们的围岩性质和围岩时代作一分类如表5所示。

表5上仅列举了少数著名的矿床,详细地按表填列则尚有待今后继续研究加以补充。

表5 矿床分类表

围岩性质 / 地质时代	大陆组合				火山岩	原生山脉组合,花岗片麻岩类	陆缘组合,三角洲沉积,潟湖	大洋组合,基性及超基性岩	岛弧组合		脉状矿床
	粗碎屑岩 砾岩—粗砂岩	细碎屑岩 粉砂岩—页岩	沉淀岩 石灰岩—白云岩	蒸发岩 卤素沉积					安山岩	杂砂岩	
前震旦纪(元古代—太古代)	兰特式金铀矿床	条带状赤铁矿磁铁矿 布鲁肯式铅锌矿床	罗得西亚式铜矿床					条带状铁矿床 布鲁肯式铅锌矿			金矿床 铌钽矿床 伟晶岩脉类型矿床
古生代	古代金铀砂矿床	宣龙式铁矿 鄂西—宁乡式铁矿床 曼斯费尔德铜矿床	密西西比式铅锌矿床 泥盆—石炭纪界限上铅矿床	膏盐矿床				缅甸波龙式铅锌矿床			
中生代	柯罗拉多式(美国)铀钒矿床	红层铜矿 欧洲铁矿式(Minette Ore) 铝土矿床	西内西亚式铅锌矿床 锡矿床	膏盐矿床							钨锡矿床 各种岩矿床 Cu—Mo矿
新生代	铌钽砂矿 锡钨砂矿	铝土矿床		膏盐矿床				天然气—石油	铝土矿床	铝土矿床	天然气—石油
近代	铌钽砂矿 锡钨砂矿			膏盐矿床				天然气	铝土矿床	铝土矿床	天然气

注：许多重要的沉积矿床,如煤等,未列入。

276

中国地质事业先驱

孟宪民传

4. 应用本矿床分类法的实例

为了探索本矿床分类法在实际应用方面效果如何,最近曾将扬子江下游各种矿产进行综合考察和研究。承许多地质人员供给了不少宝贵资料,其中特别是周圣生同志,他总结了所谓的的"矽卡岩"矿床的特征,并作了一个合理的分类。过去许多地质人员认为这类"矽卡岩"矿床的工业意义不大,主要的是把所有的扬子江下游的矿床无区别地、笼统地称为"矽卡岩"矿床。解放后十余年来,地质勘探人员的辛勤劳动和研究恰恰相反地证明了其中许多矿床是极有价值的。扬子江下游一带的许多矿床成为该区富铁、富铜,或含高硫的黄铁矿的来源。这些新的认识大大地有利于本区的找矿和勘探工作。

我们过去简单地把那些出现于小侵入体周围并具有接触变质矿物如石榴石、透辉石等发育的矿床即称为"矽卡岩"矿床。当我们运用岩浆热液学说及矿床后生的见解为这些矿床生成的唯一解释时,自然而然地,这些小侵入体的接触带,特别是与碳酸盐岩的接触带,就被详细地研究和勘探。可惜,沿这种路线去勘探,成果极少,而大多数沿接触带的矿床被证明为远景小或毫无工业价值。这种失望的经验使许多地质人员认为"矽卡岩"矿床是没有远景的。实际上,这是一个错觉,建立在一种对地质勘探资料用正统的岩浆热液见解作了不正确的解释。由于对矿石的来源被误认为是出自小侵入体,而致使许多地质勘探设计均以小侵入体为中心,进行布置工作。实际

许多接触带上的零星矿床是交切状侵入体偶然地经过早已形成的层状矿床,受浸染或混染而被搬运到该地的矿石。"矽卡岩"矿物是比层状矿床的形成晚得很多,层状矿床大部在围岩成岩时期即已存在,而"矽卡岩"矿物则在褶皱和变质的晚期,由于动力作用或局部侵入活动才发育的。扬子江下游有两个相似的含铜、黄铁矿矿床均产于泥盆—石炭系界限上。这两个矿床均受到接触变质作用,不过程度深浅不同。其一比较变质程度深,接触变质矿物甚为发育,硫铁化合物主要为磁黄铁矿,另一变质不深,变质矿物分布较少,而硫铁化合物主要为黄铁矿。这种不同变质现象可说明层状黄铁矿矿床是早已形成的,而变质矿物和再结晶的方解石与白云石则是经受变质后产生的,因而黄铁矿亦转变为磁黄铁矿。

这两个矿床均伴随有闪长岩的侵入体。从现有的勘探资料来说,这些闪长岩侵入体均与沉积岩多少呈整合状。过去经常把不同沉积层位上的闪长岩岩床均填测成同一的火成岩体。这种简单地把不同层位的闪长岩配合在一起就使矿床成因的解释出现了许多混乱。

本文作者认为扬子江下游的闪长岩不能作为"矽卡岩"矿床的母岩,特别是泥盆—石炭纪界限上的矿床母岩。这些整合状的闪长岩应与它们伴生的沉积岩同样地对待。许多闪长岩有清楚的流纹或流线。这样它们可能是先后在石炭纪、二叠纪或三叠纪的海底侵入或喷出的。因此不同的闪长岩,如分别产在石炭系、二叠系或三叠系的,应该各个的填测,除非有实际证据,它们是一个整体的侵入岩。局部可能见到闪长岩脉割切两个以上的沉积岩层或火成岩床，不过它们不可能割切所有的岩层而是割切有限的岩层。这种闪长岩脉不能与整合状闪长岩同样地看待，或者同样地填测为同一个岩体。正如我们说矿床分为两大类即整合矿体（主闩）和穿切矿脉（子闩），对闪长岩来说也可以这样分为两类，即整合类与穿切类。许多混乱的构成，主要是把这两类基本不同的火成岩即整合类与穿切类填测为一体。如果分别对待，各种不同的闪长岩的生成时期也比较容易对比。下面引了三个扬子江下游区内的剖面（图1—图3）来具体说明某些闪长岩或花岗闪长岩的生成时代。如果我们能把这些比较大的闪长岩或花岗闪长岩大部肯定为近整合的岩体和它们的上覆地层和下伏地层弄清楚的时候，它们的生成时代是可以比较合理地对比出来的。老的见解认为这些整合侵入体是沿早已存在的沉积岩层侵入的这种想法尚缺乏实际野外的证据。目前引用的三例暂定为早至中石炭世及中三叠世。是否可根据这种想法把扬子江下游的火成岩体生成时代来对比一下，例如谢家荣[2]最近一文论及幕阜山的花岗岩为前寒武纪生成的，作者根据上述的推论也同意幕阜山的花岗岩大部是前寒武纪生成的。这主要是因为幕阜山花岗岩的上覆地层以前震旦纪的板溪群为主。板溪群属于前寒武纪的，其下伏的花岗岩则应比板溪群更老。

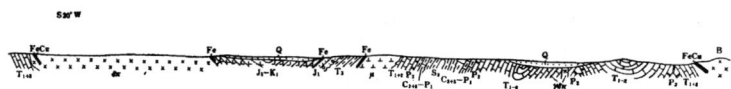

图1 湖北东部不同侵入体所示的地质剖面

T_{1+2}—早至中三叠世灰岩；γ—花岗岩；Fe—铁矿床；T_3—晚三叠世蒲圻层；J_1—早侏罗世沉积；δ_1—闪长岩脉；δ_2—闪长岩侵入体；FeCu—铁铜矿床；P_2—晚二叠世沉积；Q—第四系，红土及冲积层；$\gamma b\pi$—花岗闪长岩；P_1—早二叠世阳新灰岩；C_{2+3}—中至晚石炭世沉积；S_3—晚志留世沉积；μ—二长岩；J_3—K—晚侏罗至白垩纪沉积；$\delta\lambda$—闪长斑岩

孟宪民部分文稿辑存

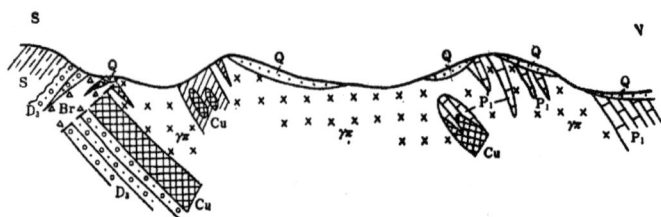

图 2   扬子江下游泥盆纪─石炭纪─二叠纪（D₃─P₁）的岩层所示的层状矿的剖面
花岗斑岩呈岩床状发育于 P₁ 与层状矿体之间
P₁─二叠纪栖霞灰岩；γπ─花岗斑岩；Q─第四纪 冲积层；Cu─铜矿石；
D₃─泥盆纪五通砂岩；Br─角砾；S─志留纪沉积

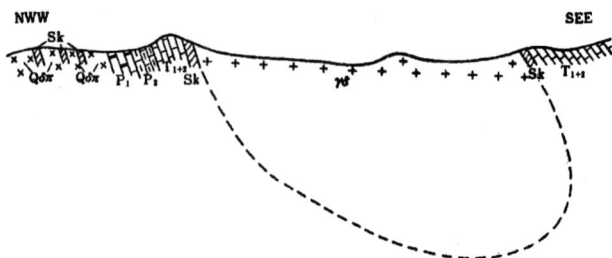

图 3   安徽一矿区所示的花岗闪长岩与围岩呈整合关系
花岗闪长岩之下为早至中三叠世灰岩，后者呈一向斜构造，因之花岗闪长岩亦褶皱成一向斜，微有向北西西倒转趋势
T₁₊₂─早至中三叠世灰岩；Sk─砂卡岩；γδ─花岗闪长岩；P₂─晚二叠世沉积；
P₁─早二叠世阳新群；Qδπ─石英闪长斑岩

　　沿泥盆—石炭系界限的地层向扬子江流域西部追索，例如黔、川、湘三省边境，也见有含黄铁矿层并同时有煤层的发育，例如四川、贵州相邻境内的铜矿溪层，湘北的黔阳层。这种岩层主要为砂岩、泥层及黑色页岩组成，中夹有扁豆状煤层，黄铁矿结核或扁豆体或赤铁矿层。厚度20米至30米。一般伏于栖霞灰岩之下，而掩覆于五通砂岩之上，如五通砂岩缺失，则可直接盖于志留纪岩层之上。这样的黄铁矿层沿同样地层的层位特别发育于湘南和粤北。不仅如此,据高振西、周圣生同志声称福建境内大部的黄铁矿和铁矿也是生成在这样的层位。由于过去的那种后生热液说法,地质人员很少注意到这种层位与矿床发育的重要意义,而经常把这样重要的现象说成是热液对有利地层进行交代的结果。多年来的地质勘探工作,从未发现为热液所经过的通道。那些蚀变现象很可能是成矿后受深成或表生作用影响所造成的。这些问题值得地质人员的深思。接近事实的看法是当在地质时期中有一段不连续或间断而发生一较长期的陆缘海的海浸,正如扬子江下游的泥盆—石炭纪的剖面所表现的。这个剖面(由下而上)为:①由泥盆纪的五通砂岩组成的陆缘海的海底沉积物;②一薄层的硫化物夹有页岩层;③一套较厚的石炭—二叠纪的石灰岩,间有同时发育的花岗闪长岩岩床。类似的这种地层发育次序也见于其他的地质时代的地层中:例如滇东北的前震旦纪的落雪灰岩的底部和震旦纪的灯影灰岩的底部均有一层硫化物的发育。德国曼斯费尔德的含铜页岩(表2)及阿拉斯加的康尼科得(Kennecott)铜矿[10]分别有一层硫化物,发育于蒸发岩(大岩盐层)或较厚层的灰岩之下。因此可以说在一层碎屑岩之上与上覆较厚的沉淀岩或蒸发岩之间均经常有一层硫化物的发育,这种特征可用为找硫化物的指南[23]①。

---

①Garlick 也引用了表 2 所示的含铜页岩剖面来证明比罗得西亚铜带矿床为同样情况下生成的矿床。

扬子江下游的不同层位的含矿性质,如表6所列。这些矿床过去均不分主次地通称为"矽卡岩"型矿床。为了简便起见有些次要层位未行列入。

根据前面建议的矿床分类原则所作出的扬子江下游"矽卡岩"矿床的分类表,不仅解除了过去那种认为这类型矿床远景不大的说法而且把其中有特殊工业意义的矿床分别指出。例如我们要探寻铜矿时,表上所列的第二型矿床,即沿泥盆系—石炭系界限上的矿床就是我们找矿勘探的对象,同时

表6　扬子江下游"矽卡岩"型矿床分类表（按周圣生编制）

类别	侵入岩	主要构造现象	主要围岩蚀变	矿层（脉）顶板	矿层（脉）底板	矿体产状及形态	主要金属或元素	品位、规模、远景
I 早奥陶世至中奥陶世地层间 (O_1-O_2)	花岗闪长岩 $(\gamma\delta)$ 至闪长岩斑岩 $(\delta\pi)$	1.背斜轴部附近 2.断裂	矽卡岩发育,附有泥化等蚀变现象	O_2	O_1 及 $\gamma\delta$	形状复杂,呈扁豆状、囊状,与围岩不整合	Cu, Mo 及 Fe	$Cu、Mo$ 小型,Fe 中至小型,Cu 富,Mo 富,Fe 中品位,远景大
II 泥盆纪至石炭纪或早二叠纪地层间 $D_3-P_1^e$, D_3 为五通石英砂岩 P_1^e 为栖霞灰岩	闪长岩—闪长玢岩—花岗闪长玢岩 $(\gamma\delta\pi)$	1.背斜两翼及倾伏端 2.断裂(层面破裂)	矽卡岩发育不发育,黄铁矿化、绿泥石化等蚀变现象	P_1^e, C_{2+3} $\delta, \gamma\pi$	D_3 少数以 C_2	一般为似层状或呈扁豆体,形状较规则,与围岩不整合	$Cu,$ (主) FeS_2 Fe(次)	Cu 中一小型,FeS_2 富,Fe 中大型,Cu 富,FeS_2 一般富,铁中等,远景较大
III 下三叠统上部至中三叠统上部地层间 $(T_1^2-T_2^3)$	$\delta, \gamma\delta\pi$	1.向斜两翼至轴部 2.断裂(层面破裂) 3.小褶曲	矽卡岩发育,有绿泥石化、硅化、钾长石化等现象	$T_1^2-T_2^3$ $\gamma\delta\pi$	$T_1^2-T_2^3$ $\gamma\delta\pi$	形状较复杂,矿体连续性较好,呈扁豆状至似层状,矿石呈细脉浸染状	Cu	Cu 中一小型,品位较富,远景大
IV 中三叠统下部至中三叠统上部地层间 $(T_1^2-T_2^3)$	$\delta\sim\gamma\delta\sim\gamma\delta\pi$	1.向斜两翼或轴部 2.断裂 3.小褶曲	矽卡岩较不发育,有绿泥石化、高岭土化、钾长石化等现象	$T_1^2-T_2^2$ $\delta, \gamma\delta\pi$	$\delta, \gamma\delta\pi$ $T_1^2-T_2^2$	矿体形状较复杂,呈层状,大部与围岩整合	Cu, Fe	Cu 大一小型,Fe 大一小型,Cu 品位富至贫,Fe 品位富至贫,远景中上
V 晚三叠世黄马青群(M),γ (T_3)	δ, 二长岩(M), γ	1.中生代凹陷 2.向斜轴部附近 3.断裂	矽卡岩较发育,有绿泥石化、金云母化、碳酸盐退色等	T_3, δ	M, γ, δ	一般矿体呈扁豆体,与围岩层位固定	Fe	Fe 中一小型,品位中一富,远景中上
VI 晚侏罗世火山岩地层间 (J_3)	$\delta\pi$, M	1.中生代凹陷 2.向斜轴部附近 3.断裂	矽卡岩不发育,有硅化、碳酸盐化、高岭土化、阳起石化、绢云母化	$\delta\pi$, 安山岩、凝灰岩、粗面岩	$\delta\pi$, 安山岩、凝灰岩、粗面岩	与围岩一般整合,在附近层位中产黄铁矿	Fe, FeS_2	Fe 大一小、中一小有、平乎富矿,FeS_2 一中型,品位较大,远景较大

这类型也是高品位的黄铁矿矿床。找富铁矿时,自然我们会以第六型矿床,即晚侏罗世的下火山岩系中的铁矿床为对象。顺便要说明的是我们的第二型矿床可与西班牙的里哦廷拖(Rio Tinto)的含铜黄铁矿床相对比。最近金格尔[19]对西班牙的含铜黄铁矿床发表了以下论点:"矿区的淡色斑状岩石与下石炭统的页岩或板岩伴生……大多数的斑岩体不是侵入到页岩中的,而是呈流纹岩流,其上覆盖有厚度不一的粗粒至细粒的碎屑流纹岩。这些火成碎屑岩整合地伏于页岩之下,为含矿岩层,矿体即限于这个层位……明显地在比 100 公里还大的带内,矿床仅限于这个地层内。这样,可以说它是一个稍受改变的同生矿床。金属元素则源于火山分泌。"这种见解就把过去认为这类矿床是与细碧角斑岩的重要联系削弱了。我们目前所称的 D_3—P_{1q} 型矿床据作者的见解很可能与西班牙里哦廷拖含铜黄铁矿矿床相比拟。初步以新的分类法试探扬子江下游矿床分类并提出一些预测矿床的看法。效用如何仍待今后地质勘探工作证实或否定之。

附注:本文写成后始见到卜内纳的文章[22]《矿石成因与勘探的回顾》,文中所载的几种原则与作者所根据相类似。特引该文中的一节供参考:"仅是把以林格仑为代表的那派学说,以物理—化学的依据来作矿床的分类的重点移向一个以环境条件成矿的方面。"

参考文献

[1]Bateman, A. M., 1950, Economic Mineral Deposits, 2d. Ed., John Wiley and Sons, N.Y.

[2]Ветехтии, А. Г. 1946, Протышлéные Марганповые рулы СССР, Излателъство АН, СССР.

[3]陈宝书，1962，《煤炭工业在我国国民经济中的地位和作用》，《光明日报》，1962 年 10 月 8 日第四版。

[4]De Kun, Nicolas 1962, The Economic Geology of Columbium (Niobium) and of Tantalum, Econ. Geol. 59, 377–404.

[5]Derry, Duncan R., 1961, Economic Aspects of Archaean–Porterozoic Boundaries, Econ. Geol. 56, 635–647.

[6]Derry, D. R., Major Precambrian Boundaries and Ore deposits, Mining Journal, 256, 294–295, 331–332.

[7]Dunham, K. , 1961, Black Shale, Oil and Sulfide Ore, The Advancement of Science, 18, 73, 284–299.

[8]Jacobs, J. A., Russell, R. D., Wilson. J. Tuzo, 1959, Physics and Geology, Mc Graw–Hill Book Co. N. Y.

[9]B. M. Креитер, 1958，《矿床的工业类型》，《地质学报》，38, 22–121.

[10]Lindgren, W., 1933, Mineral Deposits, 4th. Ed. Mc Graw–Hill Book Co. N. Y.

[11]Long, A., Silverman, A. J., and Kulp, J. L., 1960. Isotopic Composition of Lead and Precambrian Mineralization of the Coeur D′ Alene District, Idaho, Econ. Geol. 55, 645–658.

[12]Meng, H. M., 1962, The Problem of Genesis and Classification of Ore Derosit, Scientia Sinica, 11, 6, 873–858.

[13]The Mining Journal, Annual Review 1962, May London.

[14]Pratt, W. E., and Good, Dorothy, 1950, World Geography of Petroleum, Princeton University Press.

[15]Pratt, W. E., 1947, Editorial, Econ. Geol. 42, 83–85.

[16]Riley, C. M. , 1959, Our Mineral Resources, John Wiley and Sons,

Inc. N. Y.

[17]Russell, W. L., 1960, Principles of Petroleum Geology, 2d. Ed. Mc Graw-Hill Book Co. N. Y.

[18]Van Wambeke, L., 1960, Geochemical Prospecting and Appraisal of Niobium-bearing Carbonatites by X-ray Methods, Econ. Geol. 55, 732-758.

[19]Kinkel, Jr. Authur R., 1962, Observations on the Pyrite Deposits of the Huelra Distriet, Spain, and their Relation to Volcanism, Econ. Geol. 57, 1071-1080.

[20]Schnller, A. 1957, The"Copper Shale" of Mansfeld, Germany, Acta Geological Sinica, 37, 425-436.

[21]谢家荣,《中国东南地区大地构造主要特征》(油印本).

[22]Pereira, J., 1963, Reflections on Ore Genesis and Exploration, Min. Mag. 108, 9-22.

[23]Garlick, W. G., 1961, The Syngenetic Theory of the Northern Rhodesian Copper Bell (Edited by Mendelsohn) 1961, pp. 145-165.

附录四　中央研究院地质研究所沿革

　　中央研究院地质研究所是孟宪民最早工作过的单位，也是奠定他理想与抱负的起始地。为了让读者了解其历史，现将该所的历史沿革和发展情况附录于此。

　　1928年1月，中央研究院地质研究所在上海闸北宝通路成立，所长李四光。中央研究院地质研究所是南京国民政府时期中央研究院所属13个研究所中成立最早的单位。该所的人员不多，但比较精干。初期，只有29人，到1948年6月，有33人。孟宪民是首批研究员。

　　1933年底，中央研究院地质研究所迁入南京鸡鸣寺新建大楼。抗日战争爆发后，又辗转江西庐山、长沙、桂林、贵阳，1945年迁至重庆小龙坎黄葛湾。抗日战争胜利后迁回南京鸡鸣寺原址，直至南京解放。

　　中央研究院地质研究所从1928年成立起，到1949年中

华人民共和国成立时为止,20余年中所做的工作主要有:

(1)1928—1929年,应湖北省政府建设厅之请,派遣三个考察队调查该省各矿区的地质矿产。

(2)1929年冬,与中央地质调查所合作,派员考察秦岭山脉的地质构造。

(3)1930—1931年,野外工作,着重于长江下游各省的地质,首先完成宁镇山脉之构造及地史的研究。

(4)1935年,派遣两个考察队到云南,赴该省西北部,主要任务为考察区域地质及矿产资源。

(5)1939年,因广西省对煤、铁、锡、铋及钨等矿产需用甚急,曾派出数队赴该省各部考察,以求解决这些迫切需要解决的问题。

(6)1942—1943年间,为彻底弄明白南岭山脉及川鄂两省间与湘黔两省间各山脉的地层、构造及矿产情况,曾先后派出几个考察队赴各山区进行考察,结果得知此等山脉的主要构造线约可归纳为数组:①华夏式褶皱,轴向为北东30°—45°。②新华夏式褶皱,轴向为北东18°—20°。③东西向褶皱。④弧形构造。

(7)所长李四光创建了一个新的学科——地质力学。研究中得知岩石不仅具有弹性,且具有可塑性;在试验方面,用弹性兼可塑性的物质,加以"水平惯力",可产生某种构造型式。

(8)所长李四光在庐山及其他许多地方发现第四纪冰川。

(9)关于金属矿产方面的研究工作,重要的有:①广西钟

山县糙米坪铀矿的发现。②江西南部钨矿的调查与研究。③湘西砂金矿的普遍考察与研究。④鄂西铁矿床与铜矿床的发现。⑤湖南水口山铅锌矿、临武香花岭锡矿及云南个旧锡矿的研究。⑥云南会泽铜矿床的研究。

（10）关于古生物方面的研究工作,重要的有：①江苏及其他各处古生代植物化石的研究,二叠纪玄武岩中发现的树状蕨科化石。②中国下石炭纪珊瑚化石的广泛采集与研究,确定中国下石炭纪可以分为四个化石带,可与欧洲的下石炭纪各层相比拟。③长江下游笔石化石的大量采集与研究,确定中国奥陶纪与志留纪分为若干化石带,可与欧美同时期的地层作详确的比较。④泥盆纪的腕足类化石,二叠纪的筵科化石及三叠纪的菊石化石,均采集丰富。

（11）测绘广西全省比例尺为 1∶20 万的地质图,共 36 幅。

中央研究院地质研究所的出版物有:①《中央研究院地质研究所集刊》,创刊于 1928 年 11 月,为不定期刊物。至1949 年止,共出版 12 号,刊载该所重要研究成果和一部分调查报告。正文后附有西文内容摘要。②《中央研究院地质研究所西文集刊》,创刊于 1930 年,为不定期刊物。至 1948 年止,共出版 9 号(编号 9—17),刊载该所重要研究成果,其中多数为古生物方面的论著。全部用西文发表。③《中央研究院地质研究所专刊》,创刊于 1930 年,为不定期刊物。该刊分甲、乙两种,甲种共出版 7 号,刊载古生物方面的重要论著;乙种共出版 2 号,刊载地质方面的重要论著。④《中央研究院地质研究所丛刊》,创刊于 1931 年 3 月,为不定期刊物。至 1948 年止,共出版8号,刊载该所研究人员所作地质调查报告和专题论文,多数均用西文写成。其中第8号为李四光教授六旬寿辰纪念册。

抗战期间,中央研究院地质研究所所出的上列各种刊物,全部停刊。当时仅出版《简报》一种,为不定期刊物,总共出过约24号。该刊发表地质研究工作短文及简要报告,以及有关地质学方面学术问题的讨论。

1949年4月23日南京解放后,中央研究院地质研究所、中央地质调查所被南京市军管会接管,进行了物资清点、移交。

1949年11月1日,中国科学院正式成立。

1950年5月,李四光从欧洲回国,出任中国科学院副院长,接受了组织全国地质工作的任务。

1950年8月25日,中央人民政府政务院第47次政务会议同意李四光提出的全国地质工作统一管理方案,设立"一会"(中国地质工作计划指导委员会)、"两所"(中国科学院地质研究所、中国科学院古生物研究所)、"一局"(矿产地质勘探局)。任命程裕淇、张文佑为地质研究所副所长,8月29日政务院致文化教育委员会的函"同意侯德封代理地质研究所所长"。

1951年1月3日,原中央研究院地质研究所、中央地质调查所正式被中国地质工作计划指导委员会接管。

1951年5月7日,中国科学院地质研究所在南京正式成立。地质研究所下设土壤研究室(主任马溶之)、第一组(矿

孟宪民传

物,主任何作霖)、第二组(岩石,主任程裕淇)、第三组(动力地质,主任张文佑)和第四组(综合地质,主任李春昱)。

1952 年 10 月,中国科学院地质研究所土壤研究室决定"改室成所",成立了中国科学院土壤研究所筹备处。

1954 年 2 月,中国科学院地质研究所从南京迁至北京沙滩松公府夹道六号(北京大学原红楼校区地质馆)。

1955 年 11 月,在兰州组建西北地质研究室,在此基础上于 1960 年 2 月 8 日组建中国科学院兰州地质研究所。

1960 年夏,地质研究所从东城沙滩迁至德外祁家豁子新办公大楼。

1962 年 11 月,中国科学院昆明地质研究所缩编为中国科学院地质研究所昆明站。

1965 年 12 月,地质研究所晶体生长部分并入中国科学院硅酸盐化学与工业研究所。

1966 年 2 月,分出中国科学院地球化学研究所。

1971—1977 年,地质研究所归属国家地震局管理。

1978 年 1 月,中国科学院地质研究所一分为二,从事地震研究的划归国家地震局地质研究所,从事非地震研究的回归中国科学院,重新组建中国科学院地质研究所。

重建后的中国科学院地质研究所历任所长为:张文佑(1980—1983)、孙枢(1984.01—1987.07)、王思敬(1987.08—1995.09)、刘嘉麒(1995.10—1999.05)。

1985 年 9 月,工程地质力学开放研究实验室成为中国科学院首批对国内外开放的 2 个研究所和 17 个实验室之一。

1989 年 5 月,岩石圈构造演化开放研究实验室成为中国科学院第三批开放实验室。

1999 年 6 月,地质研究所与地球物理研究所整合,成立中国科学院地质与地球物理研究所。

中央研究院地质研究所沿革

参考资料

孟宪民:《浙江绍兴及其邻近地区地质 Geology of Shao-Hsin and Its Neighbouring Districts in Chekiang Province》英文版,《中央研究院地质研究所集刊》第 2 号,1931

孟宪民:《云南个旧地质述略》,《地质论评》第 1 卷第 3 期,1936

孟宪民:《云南东川地质》,《中央研究院地质研究所集刊》第 17 号,1948

孟宪民:《地质学报》第 32 卷第 1、2 合期,中国地质学会、中国科学院,1952.10

H.M.斯特拉霍夫等著,孟宪民、孙枢等翻译:《论沉积矿床生成理论及分布的规律性问题》,科学出版社,1955.06

孟宪民:《地质学报》第 42 卷第 1 期—第 4 期,中国地质学会、《地质学报》编辑委员会、科学出版社,1962

孟宪民:《地质学报》第 43 卷第 1 期—第 4 期,中国地质学会、《地质学报》编辑委员会、科学出版社,1963

孟宪民：《矿床分类与成矿作用》，科学出版社，1963.10

杨世铎、房树民、郑延慧：《李四光的故事》，中国少年儿童出版社，1978.12

黄炎培：《八十年来》，文史资料出版社，1982.08

陈群、张祥光、周国钧、段万倜、黄孝葵：《李四光传》，人民出版社，1984.06

孙忠和、宋学仪：《孟宪民》，《中国地质》1986年第3期，1986

中国地质学会矿床地质专业委员会：《中国地质学会矿床地质专业委员会设立〈谢家荣、孟宪民奖〉实施办法》，《矿床地质》1987年第3期，1987

武进县志编委会：《武进县志》，上海人民出版社，1988.10

中国地质科学院矿床地质研究所：《同生论与层控矿床》，学术期刊出版社，1988.11

黄汲清、何绍勋：《中国现代地质学家传》（第一卷），湖南科学技术出版社，1990.09

中国地质学会：《庆祝〈地质学报〉创刊七十周年（1922—1992年）纪念册》，1992

常州市地方志编纂委员会：《常州市志》，中国社会科学出版社，1995.10

《中国矿床发现史·云南卷》编委会：《中国矿床发现史：云南卷》，地质出版社，1996.07

黄宗瑶：《学习吾师高尚精神，发展我国地矿事业——纪念中国矿床同生论先驱孟宪民教授诞辰100周年》，《第六届

全国矿床会议》,1998 年

国土资源部《我为祖国献宝藏:国土资源系统院士画册》编委会:《我为祖国献宝藏:国土资源系统院士画册》,地质出版社,2009.10

《何长工传》编写组:《何长工传》,中央文献出版社,2000.11

中国地质调查局:《铸中华盐湖之魂: 中国工程院院士郑绵平》,中国地质调查局网,2005.05.26

包立本:《集藏天地》第二辑,中国文史出版社,2005.11

包立本、陆志刚:《常州名人故居》,方志出版社,2006.11

中国科学院:《院史·所史·编年史》, 中国科学院网,2009.09.28

何明:《中国科学院第一批学部委员（生物学地学部）》,中国大百科全书出版社,2010.01

包立本:《地名故事:乌龙庵》,常州市名人研究会《人文常州》第 1 期,2011.01

庄元英:《地质学和矿床学家孟宪民》, 常州市名人研究会《人文常州》第 3 期,2011.07

晶鑫矿物:《香花岭、通天山的由来》,临武县人民政府网,2014.01.24

潘正道:《董仕枢:祖国的核事业有我一份力》,清华大学新闻网,2014.04.27

潘云唐:《新中国第一个新矿物(香花石)的发现者——孟宪民》,清华校友总会网,2014.09.25

中国地质事业先驱

孟宪民传

核工业北京地质研究院:《黄劭显院士与中国铀矿地质:纪念黄劭显院士诞辰 100 周年暨逝世 25 周年》,科学出版社,2014.11

王申、吕凌峰:《乐在图书山水间:常印佛传》,上海交通大学出版社,2015.05

刘强:《百年地学路,几代开山人:中国地学先驱者之精神及贡献》,科学出版社,2015.05

韩露、王浩琳、卢艳平:《踏遍青山矿业新:裴荣富传》,中国科学技术出版社、上海交通大学出版社,2016.03

冯丽妃:《孟宪民:执着一生地学情》,《中国科学报》,2016.04.08 第 2 版

刘艾庆、刘建军:《漫话国宝级矿物晶体"香花石"的前世今生》,郴州发布公众号,2016.05.19

普文剑:《探秘蒙自大花桥石刻》,人文红河公众号,2016.05.25

国土资源部中国地质调查局:《中国地质调查院士传记》,地质出版社,2016.11

杨娟:《近代云南个旧锡矿开发研究:基于国际经济一体化视域》,华中科技大学出版社,2017.10

云南锡业集团:《老厂记忆:带你了解老厂东西井历史》,百里锡山公众号,2018.05.18

郑剑东:《一张珍贵的地质大师合影》,《地质论评》第 65 卷第 4 期,2019.07

宋建潮:《便引矿床到碧霄 Lindgren——世界著名经济地

质学家（五十三）》,科学网,2021.03.19

　　文刀:《孟宪民与"鸳鸯双井"》,美篇,2021.12.05

　　郑欣、李玮强:《了不起的核工业（一）:决定命运的石头》,中国核工业集团有限公司公众号,2022.03.03

　　包立本:《我与文物保护的那些事》,辽海出版社,2022.11

　　《中国矿业报》根据有关资料整理:《孟宪民:中国地质界的一块香花石》,《中国矿业报》,2023.04.19

后　记

　　孟宪民院士是我太婆的亲弟弟,我是他的太外孙。从小,我就听太婆讲他的故事。为有这样一位长辈,感到自豪;为他传奇的一生,感叹不已;为他取得的成就,倍感骄傲。同时,也在心中萌发了要为孟宪民作传的念头。

　　但是,这个想法一直未能实现,我迟迟没有动笔,主要是:孟宪民太伟大了,而我才疏学浅,再则,我琐事缠身。直到去年1月,常州市名人研究会会员、邻居王子旭跟我谈及,他想写一本关于孟宪民的通俗读物,于是,我表示支持,并提供了一些有关孟宪民的资料给他,和他商量了写作提纲和整个框架。

　　延至今年4月,王子旭跟我打招呼,他忙于学习和工作,让他不得不放下了手中的笔。此时,他才写了一万字左右,离完稿相差得很远。

　　在此情况下,我义不容辞地接过了重任,推辞了许多社会活动和学术会议,闭门写作。在写作上我尽量努力让传记

有故事性、可读性，避免语言空洞化、情节程式化。

但是，由于资料的缺乏、知识的不足、精力的有限，我一度陷入了困境。加上夜以继日的写作，我脑海中全是孟宪民的影子，其间身体欠安，挂了十多瓶盐水才慢慢恢复元气。

让我们十分感激的是，本书的写作，受到了中国工程院、中国科学院许多院士、专家的关注与支持，比如中国工程院院士张履谦、中国科学院院士刘嘉麒、中国工程院院士张锡祥等，他们在第一时间提出了宝贵意见，甚至还为本书题了词，写了书名。还有，常州市人民政府原副市长薛锋、常州市地方志办公室原主任徐瑞清、常州市政协文史馆馆长沈建钢担任文史顾问，提出撰写建议。上海辞书出版社编审、《辞海》编辑薛国屏作序。另外，刘霭燕、蒋顺青、张修民、袁国华、邱北海、夏雪松、梁瀚文、张雨豪、平英、陆志刚、李建军、谢达茂、肖飞、曹又俭、薛焕炳、孙瑞和、孙晓锋、张军、刘琨、陈磊、程中伟、苏慎等朋友给予了我们各种帮助。

他们的支持和鼓励，给予我动力，使我在短短 2 个月时间内写完了全稿。在此，要感谢以上各位师友。同时，也要感谢王子旭，没有他的发起，也就没有这本书的问世。

由于本书写作时间仓促，欠缺在所难免，欢迎大家批评指正。

包立本

2023 年 6 月 22 日于思耘堂

图书在版编目（CIP）数据

中国地质事业先驱：孟宪民传 / 包立本，王子旭著
. -- 北京：中国文史出版社，2023.12
　　ISBN 978-7-5205-4452-8

Ⅰ.①中… Ⅱ.①包… ②王… Ⅲ.①孟宪民（
1900-1969）—传记 Ⅳ.①K826.14

中国国家版本馆 CIP 数据核字（2023）第 219784 号

责任编辑：方云虎

出版发行：**中国文史出版社**
社　　址：北京市海淀区西八里庄路 69 号
邮　　编：100412
电　　话：010-81136630
印　　装：廊坊市海涛印刷有限公司
经　　销：全国新华书店
开　　本：880 毫米×1230 毫米　1/32
印　　张：9.75
彩　　插：16 页
字　　数：188 千字
版　　次：2024 年 2 月北京第 1 版
印　　次：2024 年 2 月第 1 次印刷
定　　价：69.00 元